Gernot Candolini

Labyrinth

Gernot Candolini

Labyrinth

Inspiration zur Lebensreise

FREIBURG · BASEL · WIEN

© Verlag Herder GmbH, 2. Auflage, Freiburg im Breisgau 2018
Alle Rechte vorbehalten
www.herder.de

Gesamtgestaltung und Satz:
griesbeckdesign, Dorothee Griesbeck, München
Umschlagmotiv: Georgiana Lotfy, Christ the King Lutheran Church,
Torrance, USA

Herstellung: NEOGRAFIA a.s.

Gedruckt auf umweltfreundlichem, chlorfrei gebleichtem Papier
Printed in Slovakia

ISBN 978-3-451-31596-1

Inhalt

Ein Symbol vieler Kulturen	6
Das Labyrinth im Mythos	18
Wege und Wandlungen	56
Alte Rituale	74
Liebeslabyrinthe und Heckenirrgärten	92
Die Wiederentdeckung des Labyrinths	96
Was im Labyrinth geschieht	110
Wege des Lebens	120
Bildnachweis	128

Ein Symbol vieler Kulturen

Das Leben ist ein beständiges

Gehen im Labyrinth.

Ankommen und Aufbrechen.

Zur Mitte finden

und sie wieder verlassen.

Sich wenden müssen

und doch immer weiterkommen.

Lebensweg Labyrinth

Das Labyrinth ist ein uraltes Symbol für den Lebensweg des Menschen. Jeder Mensch setzt sich im Leben Ziele und macht sich auf die Reise. Dabei geht es um äußere Stationen, die man erreichen möchte – einen Schulabschluss, einen Arbeitsplatz, das Bewältigen einer Aufgabe, Freundschaften, eine Beziehung, eine Wohnung, eine Reise –, aber auch um innere Ziele: Zufriedenheit, Erkenntnis, Ausgeglichenheit, Glaube, Zugehörigkeit und Liebe. All diese Ziele schicken uns auf eine Reise. Wer etwas erreichen möchte, begibt sich auf einen Weg. Dabei stellen wir immer wieder fest, dass die wichtigen Dinge im Leben, die Dinge, die einen hohen Wert haben, auch Zeit brauchen, Geduld, Ausdauer und Vertrauen, denn die Ziele liegen nicht fertig hinter der nächsten Biegung, sondern Ankommen ist das Ergebnis eines langen Weges.

Wer am Eingang eines Labyrinths steht, kann bereits die Mitte sehen. Sie scheint nicht weit entfernt zu sein. Geradeaus liegt sie vor einem und wenn man sie ins Auge fasst, meint man, fast schon da zu sein. Doch der Weg des Labyrinths verläuft in vielen Wendungen und Schlingen immer wieder an der Mitte, am Ziel vorbei und um das Ziel herum, kommt der Mitte manchmal ganz nahe und führt dann wieder hinaus an den Rand. Menschen, die ein Labyrinth begehen, sind meist überrascht, um wie viel länger der Weg tatsächlich ist, als sie anfangs gemeint haben. Doch schließlich führt der Weg zur Mitte und wer alle Windungen gegangen ist, erreicht das Ziel.

Das Labyrinth lehrt mich die Beständigkeit und den Neuanfang.
Das Labyrinth lehrt mich das Loslassen und Empfangen.
Das Labyrinth lehrt mich die Freude und die Mühe.

Das Labyrinth lehrt mich das Leben.

Ein Symbol vieler Kulturen

Alte Labyrinthe

Die Kulturgeschichte des Labyrinths ist ebenso so lang und seltsam wie der verschlungene Weg des Labyrinths. Sein Ursprung liegt vermutlich irgendwo im Mittelmeerraum, dort wurden die ältesten Labyrinthe gefunden. Sie lassen sich bis auf das 3. vorchristliche Jahrtausend datieren. Zu diesen ältesten Darstellungen zählen aufgemalte Labyrinthe auf Tonscherben, Felsritzungen und ein eingraviertes Labyrinth auf der Rückseite eines Tontäfelchens, das 1200 vor Christus in das Archiv eines griechischen Palastes gelangte.

Alle alten Labyrinthe haben eine ganz bestimmte Form. Hat man die Konstruktionsmethode einmal gelernt, lässt sich das Labyrinth einfach reproduzieren und weitergeben. Diese Form wird als klassisches, kretisches oder Urlabyrinth bezeichnet. Sie lässt sich in verschiedene Richtungen variieren; sie kann rund oder eckig sein, über eine kleinere oder größere Mitte verfügen und mit Verzierungen geschmückt sein.

Das Labyrinth hat nur einen einzigen Weg. Es gibt keine Abzweigungen oder Sackgassen. Darin unterscheidet sich das Labyrinth von einem Irrgarten. Irrgärten sind lediglich eine Randerscheinung in der Geschichte des Labyrinths. Sie entstanden erst ab dem 16. Jahrhundert und blieben weitgehend auf die besonderen Gestaltungen von Parks und Schlossgärten beschränkt.

Die vielen neuen in den letzten Jahren erbauten Labyrinthplätze nehmen fast ausschließlich auf die ursprünglichen Labyrinthformen Bezug. Offensichtlich ist diesen Labyrinthen etwas eigen, das auch die Menschen unserer Zeit noch anspricht und neugierig macht.

Ein Symbol vieler Kulturen

Bedacht, leichtfüßig, in sich gekehrt, beschwingt, geduldig, sich einlassend dem Weg folgen.

Ein Symbol vieler Kulturen

Die Wortbedeutung

Die Herkunft des Wortes »Labyrinth« ist unbekannt. Vermutlich entstammt das Wort einer vorgriechischen Sprache. Die Lautnähe zum lateinischen »labor intus« könnte darauf hinweisen, dass die Begehung eines Labyrinths auch eine Arbeit nach innen oder eine innere Arbeit ist.

Bei der Konstruktion eines klassischen Labyrinths wird von einem Mittelkreuz, vier Ecken und vier Punkten ausgegangen. Diese werden der Reihe nach kreisförmig miteinander verbunden.

Konstruktion und Merkmale

Will man ein klassisches Labyrinth zeichnen, so beginnt man mit einem Kreuz in der Mitte. Das lässt sich als Zeichen für »Mensch« verstehen. Dann werden in das Kreuz vier Ecken eingefügt und darin noch einmal vier Punkte. Die vier Punkte beschreiben ein Quadrat. Das Quadrat mit seinen vier gleich langen Seiten lässt sich als Zeichen für »Erde« deuten, denn die Vierzahl findet sich vielfach auf der Erde, etwa in den vier Jahreszeiten, den vier Himmelsrichtungen und den vier Elementen. Ein Kreuz mit vier Punkten bedeutet demnach »der Mensch in der Welt«.

Vom oberen Ende des Kreuzes beschreibt man einen Bogen zur nächstliegenden Linie einer Ecke. Der erste Bogen kann nach links oder rechts gezogen werden, beides ist richtig. Nach dem ersten Bogen setzt man an der nebenliegenden Linie an und führt den nächsten Bogen zum oberen Eckpunkt. Dieser Vorgang wird siebenmal wiederholt, bis das Labyrinth fertig ist. Dabei ist nur wichtig, dass kein Punkt und keine Linie ausgelassen werden. Das Labyrinth lässt sich als Zeichen für »Der Weg des Menschen in der Welt« verstehen.

Aus dieser Konstruktion ergeben sich folgende Merkmale, die für jedes Labyrinth gelten: Im Labyrinth gibt es nur einen Weg. Der Weg wechselt ständig die Richtung. Der Weg durch das Labyrinth ist kreuzungsfrei. Der Innenraum wird mit einem Maximum an Umwegen ausgefüllt. Der Weg führt wiederholt am Ziel vorbei. Der Weg mündet zwangsläufig ins Zentrum. Der Weg aus dem Zentrum führt in die Gegenrichtung zurück.

Die Linien eines Kreuzes zeichnen – ruhen lassen.
Eine Rundung langsam darüber spannen.
Den Bogen schließen.
Rundung für Rundung
den Horizont aufsteigen lassen.
Das Labyrinth erschaffen.

Altes Steinlabyrinth auf einer Insel des Solowezki-Archipels in Nordrussland

Klassisches oder kretisches Labyrinth mit sieben Umgängen

Vom Mittelmeerraum aus verbreitet sich das Labyrinth in verschiedene Richtungen. Gefunden wurden Abbildungen von Labyrinthen in Ägypten, Äthiopien, Syrien und Iran. In Moscheen in Pakistan gibt es eingravierte Labyrinthe, in Indien finden sich Felsritzungen, Mosaike und Münzen mit Labyrinthdarstellungen. In Handschriften aus Sri Lanka und Indonesien sowie bei den Hopi-Indianern in Amerika gilt das Labyrinth als bedeutendes Symbol der Heilung und des Übergangs. In Europa gibt es alte Funde in Spanien, Frankreich, England, Deutschland und in Skandinavien bis weit hinauf in das russische Eismeer.

Gelegentlich ist die Zahl der Umgänge von sieben auf elf erhöht, manchmal ist das Design ein wenig verändert, doch die Grundfigur bleibt stets gleich.

Gänzlich neue Formen bilden sich in der römischen und in der christlichen Kultur heraus. In der römischen Mosaikkunst entwickelt sich ein eigener Labyrinthtyp, der den gleichmäßigen Mäandermustern angepasst ist. Vom Eingang aus wird jeweils ein Quadrant des Labyrinths vollständig durchschritten, bevor der Weg in den nächsten Quadranten führt. Etliche Bodenmosaike wurden als Labyrinthe gestaltet.

Ein Symbol vieler Kulturen

Gotisches oder mittelalterlich-christliches Labyrinth mit elf Umgängen

Das Labyrinth in der Kathedrale von Chartres

In der Gotik verändert sich das Labyrinth in seiner Wegeführung und Konstruktion noch einmal wesentlich. Die Kreuzachse rückt in die Mitte und durchzieht nun das ganze Labyrinth. Die Mittelpunkte von Kreuz und Kreis kommen zur Deckung. Alle Wege werden am Kreuz ausgerichtet. Diese Labyrinthform wird in den Kathedralböden eingelegt. Das bekannteste ist jenes in der Kathedrale von Chartres. Manchmal wird auch eine achteckige Grundform verwendet. Dieses mittelalterlich-christliche Labyrinth bleibt auf Westeuropa beschränkt und findet erst in unseren Tagen eine globalere Verbreitung.

Dem einen Weg zu folgen bedeutet nicht, dass es deshalb leichter ist oder dass weniger Entscheidungen nötig sind. Es bedeutet, sich auf den Weg einzulassen mit allem, was wir an Kraft, Zweifel, Engagement, Sorge und Hoffnung in uns tragen.

Ein Symbol vieler Kulturen

Das Labyrinth im Mythos

*Die Mythen sind zeitlos,
sie vermögen immer wieder
in unsere Zeit einzubrechen
oder sich aus ihr zurückzuziehen.
Ob sie etwas bedeuten,
liegt außerhalb ihrer Glaubwürdigkeit
oder gar ihrer Existenz, es liegt daran,
ob wir uns noch in ihnen wiederfinden
oder nicht.*

Berlin Marzahn

Der Theseusmythos

Der griechische Mythos vom Minotaurus spielt in einem Labyrinth. Die Geschichte dieses Mythos legt zunächst die Vorstellung nahe, beim Labyrinth des Minotaurus handle es sich um ein verzweigtes Höhlen- oder Irrgangssystem. Doch alle antiken Abbildungen dieser Geschichte zeigen Labyrinthe mit einem einzigen Weg zur Mitte.

Der Mythos erzählt kein historisches Ereignis, sondern ist ein Bild der Seelengeschichte des Menschen. Er greift die Themen der eigenen inneren Reise auf und verwendet dabei Bilder, deren Sinn sich erschließt, sobald wir ihren Bedeutungen auf den Grund gehen. Der Mythos stellt Lebensaufgaben in Geschichten dar und erzählt in verschlüsselter Form, was uns in der einen oder anderen Weise selbst widerfahren wird. Der Mythos will keine Ratschläge vermitteln, wie der Mensch das Leben am besten meistern kann. Er sagt vielmehr: So ist das Leben und dies und jenes kann oder wird geschehen. Oft ist gerade diese Sicht der Eingebundenheit und Selbstverständlichkeit nötig, um den eigenen Weg besser verstehen zu können und weiter voranzuschreiten.

Es gibt verschiedene Fassungen der alten griechischen Sage. Das Thema wurde zudem vielfältig wiederverwendet, unter anderem in der Oper (zum Beispiel Ariadne auf Naxos) und in modernen Erzählungen. Die Geschichte hat folgenden Grundaufbau:

König Minos von Kreta möchte ein Opfer bringen und bittet den Gott Poseidon um Rat. Dieser lässt aus dem Meer einen weißen Stier hervortreten, der so prächtig und schön ist, dass König Minos ihn nun doch nicht opfern will, sondern entscheidet, ihn in seinen eigenen Stall zu stellen. Anstelle dieses weißen Stiers opfert König Minos einen anderen Stier und behauptet, dies diene dem Wohl des ganzen Volkes. Darüber ist Poseidon so erzürnt, dass er den König bestraft und dessen Frau, Pasiphae, in Liebe zu dem weißen Stier entbrennen lässt. In ihrer Ekstase bittet sie Dädalus, einen in Diensten des Königs stehenden Künstler, ihr eine hölzerne Kuh zu bauen, in die sie schlüpft, um vom Geliebten begattet zu werden. Sie wird schwanger und gebiert den Minotaurus, ein Stier-Mensch-Mischwesen.

Daraufhin erteilt König Minos Dädalus den Auftrag, eine Möglichkeit zu finden, um den Minotaurus zu verbergen und gefangenzuhalten. Der Architekt und Künstler erfindet und entwirft das Labyrinth.

König Minos hat mit seiner Frau einen Sohn und eine Tochter, Androgeus und Ariadne. In einem Kampf bei Athen fällt Androgeus. König Minos' Rachefeldzug bringt einen Sieg für die Kreter. Als Strafe müssen die Athener alle neun Jahre sieben Jungfrauen und sieben Männer als Opfer für den Minotaurus abliefern.

Bei der dritten Auslosung in Athen murrt das Volk darüber, dass das Königshaus ausgenommen ist. Daraufhin meldet sich der junge Königssohn Theseus, der außer Haus aufgewachsen ist, freiwillig als eines der Opfer. Er verspricht seinem Vater Aegeus, bei einer glücklichen Rückkehr die schwarzen Segel des Schiffes mit weißen Segeln zu tauschen.

In Kreta angekommen, werden zuerst verschiedene Rituale und Spiele veranstaltet, bei denen Theseus einen besonderen Eindruck hinterlässt. Ariadne verliebt sich in Theseus und steckt ihm vor dem Gang ins Labyrinth ein Schwert und ein Fadenknäuel zu. Theseus tötet den Minotaurus in der Mitte des Labyrinths und findet mithilfe des Fadens der Ariadne den Ausgang wieder. Zusammen mit ihr und den befreiten Geiseln flüchtet er von Kreta. In Delos machen sie Station und feiern ihre Befreiung, indem sie die Linien des Labyrinths nachtanzen.

Beim nächsten Halt auf der Insel Naxos geht die Beziehung von Theseus und Ariadne in die Brüche und Theseus segelt ohne sie heim nach Athen. Er vergisst, die Segel zu wechseln, und als sein Vater Aegeus die schwarzen Segel sieht, stürzt er sich voller Gram ins Meer. Theseus wird König von Athen.

Im Theseusmythos geht es um Habgier, Verlust, eine seltsame Liebschaft, Ungeheuer, Heldenmut, Kampf und Auseinandersetzung, Beziehung, Tanz und Trennung und den Weg eines jungen Mannes zur Königswürde. Geht man den einzelnen Themen auf den Grund, erschließt sich die faszinierende Fülle wesentlicher Themen des menschlichen Lebens.

Wer erhält, möchte etwas geben

Das größte Geschenk, das jeder Mensch erhält, ist sein Leben. Rätselhaft und nur teilweise ergründbar bleibt die Entstehung des Lebens, die Entfaltung des Menschen aus den Strukturen der Erbinformation, das Altern und Vergehen und die letzte Frage nach der Ewigkeit. Mit unserem Sein werden wir eingebunden in ein großes Staunen über die Fülle des Lebens.

Dem großen Geschenk des Lebens folgen viele kleine: Essen zum Leben, ein Platz zum Wohnen, Beziehungen und Freundschaften, ein Kreislauf von Geben und Nehmen, Verdienen und Ausgeben, Tun und Lassen.

In den fortwährenden Kreislauf des Lebens sind wir auch direkt eingebunden. Dass wir aus uns selbst heraus neues Leben geben, wird am direktesten erfahrbar in den eigenen Kindern, aber auch durch unsere Ideen und Schöpferkraft, die wir in die Welt hineintragen können.

Alles bleibt immer ein Geschenk, denn niemand kann geben, was er nicht vorher schon an Möglichkeiten, Gaben und Kräften erhalten hat. Dieses Beschenktsein löst in uns immer wieder den Wunsch aus, aktiv unseren Dank dafür auszudrücken. Wir wollen bewusst etwas geben von dem, was wir erhalten haben. Ausdruck dessen ist es, wenn wir in der Kirche spenden oder Hilfsorganisationen etwas zukommen lassen. In allen Religionen ist dieses Geben ritualisiert. Manchmal ist es der zehnte Teil von allem, manchmal ein Almosen, manchmal ein Beitrag zu Gemeinschaftsfesten. Immer ist die Gabe ein Teil dessen, was man bekommen hat. Auch wenn es über die Form und das Maß in jeder Kultur Grundregeln gibt, bleibt das »Wieviel« Ermessenssache. Die Möglichkeiten nach oben sind offen. Manche geben mehr, andere weniger, manche geben alles, was sie erhalten haben: ihr Leben.

Im Labyrinth in Bad Loipersdorf bildet ein Stein in der Mitte eine Mulde. Immer wieder finden sich Münzen ist dieser Mulde, ohne dass jemand zu einer Spende auffordern würde. Wer ankommt, gibt gerne etwas, er lässt etwas da, etwas zurück, eine kleine Geste der Dankbarkeit, ein Zeichen dessen, dass Geben und Nehmen ein Kreislauf sind, der seine Dynamik dadurch gewinnt, dass nicht alles zurückgehalten wird.

Auch in anderen Labyrinthmitten sammeln sich manchmal Dinge: Steinchen, Blumen, Früchte. Manche spüren damit der Erfahrung des Ablegens und Loslassens nach, meist verbunden mit dem einfachsten aller Gebete: Mögen die Dinge sich gut fügen. Mögen Geben und Nehmen ausgeglichen bleiben.

Das Uhrpendel lehrt es.
Die Wolken lehren es.
Der Atem lehrt es.
Das Vaterunser lehrt es.
Das Leben lehrt es.

Gib und nimm.
Nimm und gib.

Geben und Nehmen im Jahreslauf im Labyrinth des Botanischen Gartens der Erzabtei von Pannonhalma in Ungarn

In den Schnee lassen sich Labyrinthe einfach austreten.

Wer bittet, empfängt

Einer der Kernsätze jeder Spiritualität besagt, dass die, die bitten, empfangen. Gebete aus einem authentischen Anliegen sind keine leeren Hülsen, sondern Gedanken und Worte voller Kraft und Energie, die in uns selbst zu kreisen beginnen und schließlich das ganze Universum erfüllen und alles, zu dem wir in Beziehung stehen, auch Gott selbst, erreichen.

Als König Minos einen Stier opfern will und keinen passenden findet, fällt er ihm zu. Er steigt aus den Meeresfluten. Was undenkbar scheint, geschieht. Der Satz Jesu »Wenn du glaubst, dann kannst du zu diesem Berg sagen: Wirf dich ins Meer, und er wird es tun« ist die größte Steigerungsform des Grundgedankens, dass wir erhalten, worum wir bitten. Bei einem Berg ist so etwas schwer vorstellbar, aber vielleicht liegt das nur daran, dass wir uns manches zu plastisch und direkt vorstellen und die Wahrheit nicht dort suchen, wo sie oft ist: zwischen den Zeilen.

Als hätte sich alles gegen mich gestellt.
Nicht irgendein Problem, sondern viele.
Nicht Nadelstiche, sondern Schläge.
Nicht Missgunst, sondern Verrat.
Nicht Traurigkeit, sondern Kummer.
Nicht Unbehagen, sondern Schmerzen.
Nicht Fehler, sondern Scheitern.
Meine Gebete waren erfüllt von Wut und Klagen.
Am Ende des Jahres machte ich eine erstaunliche Feststellung:
Ein Berg war ins Meer gefallen.

Zeichnung auf einer Silbermünze, angefertigt von dem römischen Missionar Cassiano, der im 18. Jahrhundert in Indien unterwegs war

Die Verführung des Reichtums

Vor einigen Jahren hat Bill Gates gemeinsam mit Warren Buffett die Initiative »The Giving Pledge« gegründet, die Reiche dazu auffordert, mindestens 50 Prozent ihres Besitzes zu spenden. Wer reich ist, ist ja nicht reich geworden allein aus eigenem Verdienst, sondern weil ihm ein Erbe zugefallen ist oder die Strukturen ihn begünstigt haben. Jeder Reiche erhält mit seinem Reichtum den Auftrag, das Bekommene auch wieder zurückzugeben. Wer viel verwaltet, hat auch viel Verantwortung.

Wenn Jesus davon spricht, dass es für Reiche nicht leicht ist, den Himmel zu erreichen, dann bezieht er sich auf ein allgemeines Problem des Menschseins. Je mehr wir haben, desto schwerer wird das Loslassen. Viel zu haben lässt die Sorge wachsen, wie es bewahrt werden kann. Bekommt man etwas allzu leicht, ist die Gefahr groß, dass damit Gier ausgelöst wird. Wer möchte schließlich nicht ohne große Anstrengung gewinnen. Und wem fallen nicht gute Gründe ein, warum er etwas behalten will, das er bekommen hat.

König Minos erhält ein übernatürliches Geschenk. Als der prächtige Stier aus den Meeresfluten steigt, ist es, als ob der König hörte: »Ich traue dir die Verantwortung des Reichtums zu. Du willst opfern, so wie es angemessen ist. Da hast du etwas, das du geben kannst.« Doch Minos erliegt der Versuchung des Reichtums. Er nimmt, was er geben soll, in seinen Besitz. Und er rechtfertigt sich: »Ich nehme es nur, weil die Zucht mit diesem Stier zum Wohle der Ernährung und damit zum Wohle des Volkes ist.«

Diese Sätze, deren Entsprechung auch heute bei vielen problematischen politischen Entscheidungen zu hören ist, sprechen nur vordergründig vom Wohl der Menschen, sind aber eigentlich Ausdruck der Habgier. Das Unbehagen gegenüber Atomkraft, Genmanipulation, dem Auf-

Im Hofbereich (Umgang) einiger Sikhtempel in Nanded, Indien, befinden sich eingearbeitete Labyrinthe.

einanderabstimmen von Saatgut und Pestiziden oder irgendwelchen Handelsabkommen hat seine Ursache in der Ahnung, dass all das keineswegs dem Wohl der Menschen dient, sondern eigennützigen Interessen. Viele Menschen haben kein Problem damit, auf Kosten anderer reich zu sein. Aus Habgier entsteht jedoch immer Unglück.

Auf verschiedenen griechischen Silbermünzen wurde das Labyrinth geprägt. Diese Münzen stammen aus der Zeit von 500 vor Christus bis etwa 200 nach Christus. Auch für indische Münzen ist das Labyrinth belegt. Allerdings waren sie sehr selten, sodass nur Zeichnungen dieser Münzen bekannt sind.

Wir können nichts besitzen

König Minos behält, was er geben sollte. Daraus entsteht eine ganze Kette unglücklicher Folgen. Zuerst muss er erfahren, dass er auch das Liebste nicht besitzen kann. Seine Frau verliebt sich in den Stier – quasi in ein »Rindvieh«. Diese Lektion des Lebens ist eine der schwersten und gleichzeitig eine, die sich im Leben aller Menschen wiederfindet. Wenn wir meinen, etwas sei unser Anspruch oder unser Besitz, etwas, das wir haben und kontrollieren können, lehrt uns das Leben das Gegenteil. Weder unsere Gesundheit noch unser Geld noch unsere Beziehungen sind Besitztümer. Gerade Beziehungen sind täglich neue Geschenke. Geliebt zu werden ist ein Geschenk. Jemand, der zu uns hält, ist ein Geschenk.

Dein Blick,
deine Hand,
dein Lachen,
dein Fingerzeig,
dein Wort,
dein Kuss,
deine Gegenwart –

was für Geschenke!

Immer wieder erinnert uns das Leben daran, dass wir nackt in die Welt gekommen sind und nackt wieder gehen. Unsere Eltern haben uns willkommen geheißen und sie werden sich verabschieden oder haben es bereits getan. Wir haben Freunde gefunden und verloren, Beziehung gehabt und uns getrennt. Zusammen zu sein, bis dass der Tod uns scheidet, ist manchmal ein frommer Wunsch oder aber ein großes Geschenk. Selbst das scheinbar Sicherste kennt die Krise, die die Beteiligten an ihre Besitzlosigkeit erinnert. Wer in starrem Besitzdenken verhaftet bleibt, gerät immer in Konflikte. Gerade deswegen ist es so wichtig, sich die grundlegende Besitzlosigkeit immer wieder vor Augen zu halten.

Labyrinthe lassen sich rasch und einfach in den Sand zeichnen. Die Kontraste des dunkleren, tieferen Sandes zum helleren an der Oberfläche lassen das fragile Kunstwerk sichtbar werden. An einem Strand mit Ebbe und Flut ist ein Sandlabyrinth zeitlich klar begrenzt. Das Wasser löscht das Bild wieder aus, nimmt die Struktur mit in das ewige Vor und Zurück der Wellen und lässt so deutlich werden, wie schnell alles vergeht. Eben noch klar und deutlich, erreicht zuerst wie ein Fingerzeig der Vergänglichkeit eine Welle den Rand und öffnet die geschlossene Figur, um sie bald darauf vollständig aufzulösen und zurückzunehmen in die alte Formlosigkeit.

Das Labyrinth im Sand ist ein Bild für das Leben: Auch der Mensch zeichnet zuerst kraftvoll seine Lebensspur. Im Alter verschwinden die klaren Konturen und schon bald wird der Mensch wieder vollständig vom Meer der Zeit verschlungen.

Strände eigenen sich besonders gut für den Bau von Labyrinthen. Denny Dike hat mit seinem Labyrinth dem Strand eine besondere Stimmung verliehen.

Das Ungeheuerliche in uns

Aus der Liebschaft und der Verbindung der Königin mit dem Stier entsteht der Minotaurus, ein Ungeheuer, eine Ungeheuerlichkeit, Abbild des Ungeheuerlichen schlechthin. Es macht Angst, löst Scham aus und zunächst gibt es nur einen Weg, damit fertig zu werden: es wegzuschließen, zu verbergen, unter den Teppich zu kehren, in der Tiefe zu vergraben, einzusperren im Labyrinth des Lebens.

Alle Kulturen haben ihre Bilder für den Minotaurus, das Mischwesen aus Mensch und Tier: den Teufel oder Krampus mit Merkmalen einer Ziege, den Werwolf, den Balrog und als sprachliche Besonderheit ein Mischwesen aus zwei Tieren: den Schweinehund.

Das Ungeheuer wohnt nicht irgendwo, sondern in uns. Das labyrinthische Gefängnis des Minotaurus auf Kreta zu suchen trifft nicht den Kern der Geschichte, denn wir müssen es in uns selbst suchen.

Der Minotaurus hat Künstler immer wieder inspiriert. Picasso, Dürrenmatt, Miro und viele andere haben mit diesem Thema gearbeitet. Auffallend ist, dass der Minotaurus selten schrecklich, sondern oft fast verlegen und unsicher dargestellt wird. Er selbst ist ja im Grunde nur ein Opfer, ein Resultat des Schicksals. Die Ursache des Bösen ist manchmal eine scheinbare Kleinigkeit, eine Banalität, eine unweise Entscheidung, die fürchterliche Folgen in der Geschichte auslösen kann.

In der Mitte brennt ein Feuer,
das Gold von Stroh trennt.
Bedeutendes von Belanglosem.
Heiliges von Profanem.
Liebe von Liebelei.
Wahrheit von Schein.

Ich habe deinen Namen gelesen. Ich habe dein Bild gesehen.

Ich habe deine Geschichte gehört.

Im Sehen verliere ich die Grenzen. Im Hören verliere ich die Angst.

Ich werde nie mehr dein Feind sein, ganz gleich,

wer mir etwas anderes einreden will.

Das abgesperrte »Weinende Auge«
im Campo de Marte, Lima

Das große Opfern

Alle neun Jahre werden dem Minotaurus sieben Jünglinge und sieben Jungfrauen geopfert. Der Mensch ist in dieser Hinsicht ein seltsames Wesen. Es ist oft unbegreiflich, mit welcher Konsequenz und Härte er zu opfern bereit ist. Er opfert andere Menschen, er opfert Starke und Schwache, Frauen und Kinder, Fremde und Familienangehörige. Er opfert seine Ziele und Überzeugungen und oft genug sich selbst. Rasch und unreflektiert kann er auf andere zeigen, sie einordnen und entscheiden: Diese müssen geopfert werden, damit etwas anderes erhalten bleibt. Alle Opfer kosten immer die Unschuld und jedes Opfer wirft die Frage nach Grund und Notwendigkeit auf.

Im Campo de Marte-Park in Lima wurden über 20.000 weiße Steine in der Form des Labyrinths von Chartres aufgelegt. »Weinendes Auge« heißt dieses Monument, das sinnbildlich für den peruanischen Versöhnungsprozess stehen soll. Auf kleinen Steinen sind die Namen der Opfer der Gewaltperiode zwischen 1980 und 2000 verewigt. Nach den Erkenntnissen der Wahrheitskommission sind 70.000 Menschen ums Leben gekommen, ermordet worden oder verschwunden – doppelt so viele wie ursprünglich angenommen. Die Ergebnisse der Kommission, die von 2002 bis 2003 gearbeitet und Informationen zusammengetragen hat, werden nicht überall akzeptiert. Nachdem ein Massaker von Militärs an inhaftierten Terroristen aufgedeckt wurde und die Namen der Opfer dieses Massakers im Monument eingetragen worden waren, hat der Bürgermeister des Ortsteils von Lima die Anlage mit einem Zaun umgeben und schließen lassen mit dem Argument, man könne nicht zulassen, dass die Namen der ermordeten Terroristen neben denen anderer Opfer erscheinen.

Bis heute ist das Monument der Öffentlichkeit nicht zugänglich. Der Streit um die Frage, wer Opfer ist und wer nicht, zeigt die Brisanz des Themas. Noch heute ist der Einfluss des Militärs in Peru groß und viele möchten die Ereignisse lieber ganz vergessen machen.

Doch auch ein abgesperrtes Labyrinth als Ort der Erinnerung ist ein starkes Zeichen für die Stadt und die Welt.

Aufbruch ins Leben

Jeder Weg beginnt mit einem Aufbruch. Jeder Aufbruch beginnt mit einer Entscheidung. Der innere Entschluss »Ich werde mich auf diesen Weg begeben« steht am Anfang jeder Reise.

Das Leben ist eine Abfolge von Aufbrüchen. Freude liegt in diesem Wort, aber es klingt auch etwas Schmerzliches mit: Bruch, brechen, Risse, Verletzlichkeit. Etwas Sicheres bleibt nicht sicher, sondern reißt auf, schmerzt, blutet vielleicht sogar. So, wie es war, kann es nicht bleiben, etwas Neues muss kommen. Das Alte bleibt zurück. Im Aufstehen und Türenöffnen wird etwas Neues in den Blick genommen und Neues ist immer ein Abenteuer.

Viele Geschichten erzählen von Aufbrüchen. Eva bricht auf, sie will wissen. Ihr Aufbruch zu dem einzigen Baum, der anders ist als alle anderen, führt sie zur Erkenntnis. Alle Aufbrüche führen zu Erkenntnissen. Erkennen, auseinandersetzen, unterscheiden – das ist der Lohn jeder Reise. Dass Erkenntnis auch zum Verlust des Paradieses führt, gehört dazu.

Noah bricht auf. Er ist bereit, bedingungslos zu vertrauen, selbst wenn sein Auftrag, ein Schiff mitten am Land, eine Arche zu bauen, noch so verrückt klingt. Manche Aufbrüche sind im Blickwinkel der anderen verrückt, aber sie retten vor dem Untergang. Siddhartha bricht auf und wird zum Buddha. Erleuchtung gibt es nicht zu Hause, sondern in der Fremde. Auch in Märchen und Geschichten werden Reisen und ihre Aufbrüche erzählt. Rotkäppchen bricht zur Großmutter auf, der Frosch aus dem Teich zum Schloss, Rapunzel in die Wüste und in dem modernen Märchen »Herr der Ringe« bricht der Hobbit Frodo zum Schicksalsberg auf, um dort den Zauberring zu vernichten.

Theseus bricht auf, um sich dem Minotaurus zu stellen. Er weiß nicht, ob die Reise in den Tod oder in das Leben führt, aber sich dieser Frage nicht zu stellen bedeutet, nicht zu leben.

Die Salzburger Künstlerin Marianne Ewaldt wurde 2009 eingeladen, mit der Labyrinthsymbolik im Schlosspark Hellbrunn eine Sommerausstellung zu gestalten. Sie legte am Grunde des Teiches mit Spiegeln ein Labyrinth, mit einem roten Tau den Ariadnefaden im Pavillon und sie ließ mit Blumen auf der Wiese ein Labyrinth pflanzen. Dieses Labyrinth auf der Wiese übt besonders auf Kinder eine magische Anziehung aus. Mit Enthusiasmus und ohne zu zögern laufen sie in das Labyrinth hinein. Diese Entscheidungsfreude erinnert an die spontanen Aufbrüche, die es im Leben manchmal zu unternehmen gilt. In der Welt der Erwachsenen sind Abwägen, Bedenken, Berechnen, Diskussion mit anderen und eine sorgsame Meinungsbildung oft grundlegende Voraussetzung für eine Entscheidung. Dies ist auch gut und notwendig und doch fasziniert und inspiriert die Unbekümmertheit der Kinder und lädt dazu ein, manches Mal auf so unbekümmerte Art aufzubrechen wie ein Kind.

Lichterlabyrinth im Dom von Salzburg

Ich stehe vor dem ersten Schritt eines langen Weges.

Dieser Schritt verändert alles.

Dieser Schritt wird mich in ein Labyrinth führen.

Werde ich darin verloren gehen?

Werde ich es schaffen?

Was ist wirklich mein Ziel?

Das Labyrinth liegt vor mir und sagt: Komm.

Du bist nicht allein

Ariadne gibt Theseus Schwert und Faden. Das Schwert braucht er für den Kampf mit dem Minotaurus, den Faden, um den Weg zurückzufinden. Wenn wir die Entscheidung zum Aufbruch getroffen haben, bleiben wir in der Regel nicht ohne Unterstützung. Menschen rücken zusammen, helfen sich, unterstützen einander und schließen sich an. Immer dort, wo ein Ziel ins Auge gefasst wird, wird Solidarität spürbar. Und wirklich handfeste Unterstützung wird dort erfahrbar, wo wir bereits entschlossen auf dem Weg sind. Niemand unterstützt gerne eine bloße Idee. Sind wir jedoch auf dem Weg, dürfen wir mit Hilfe rechnen. Sie ist nicht planbar und nicht immer so, wie wir es uns erhofft haben, aber sie kommt.

Manche Labyrinthe sind so konstruiert, dass aus der Mitte ein eigener Ausgang führt. Ursprünglich sollte dieser Ausgang vermutlich langen Prozessionen oder Tänzerketten ermöglichen, durch das ganze Labyrinth hindurchgehen und ohne umzukehren wieder aus dem Labyrinth herausgehen zu können. Diese Labyrinthform wird »Baltisches Rad« genannt, weil es an der Ostseeküste weite Verbreitung erfahren hat. Das Baltische Rad hat eine interessante Besonderheit in der Abfolge der Wege. Eine Person kann es auf dem Normalweg betreten, eine zweite den Ausgangsweg zum Eingang machen und dann können beide nebeneinander in parallelen Bahnen das gesamte Labyrinth durchschreiten. Bei einer solchen Begehung kann man sich auch durchgehend an der Hand halten.

Was sind die Menschen doch alles:
große Redner, faszinierende Fantasten,
begabte Künstler, verschmitzte Verdreher,
klug Kalkulierende, gescheite Denker,
explosive Kämpfer, spontan Ausgelassene,
großartige Organisatoren, anschmiegsame Verführer,
geschickte Philosophen.
Für mich brauchst du einfach nur zwei Dinge zu sein:
du und da.

Das große Steinlabyrinth
in Emmersdorf bei Melk

Der lange Weg zum Ziel

Eine Überraschung haben alle Labyrinthe gemeinsam. Der Weg zieht sich weiter, als es zunächst aussieht. Fast unausweichlich stellt sich der Zweifel ein, ob der Weg sich wohl lohnt, ob er wirklich zum Ziel führt und ob man ihn wirklich zur Gänze gehen muss.

Alles, was kostbar ist, braucht seine Zeit. Alles, was wertvoll ist, ist nicht einfach oder schnell zu haben. Nur Billiges und Beliebiges ist leicht zu erreichen. Wer etwas Besonderes vorhat, wer ein wichtiges Ziel in den Blick nimmt, muss auch mit einem Weg rechnen, der ihm etwas abverlangt. Da sind einige Wendungen zu erwarten und viele, viele Schritte. Geduld und Beharrlichkeit werden von allen erwartet, die ein wertvolles Ziel erreichen wollen.

1000 Schritte gehen.
70-mal 7-mal vergeben.
40 Jahre wandern.

Irgendwann sind wir da.

Die großen Entscheidungen betreffen nicht die Frage,
wie man etwas angeht oder wie etwas ausgeht,
sondern ob man geht.

Sich dem Leben stellen

Sich auf etwas einzulassen bedeutet, sich dem Leben anzuvertrauen. Gerne würden wir die Folgen unseres Tuns vorab abschätzen können. Doch alle noch vor uns liegenden Wege sind voller Ungewissheiten. Wir schätzen und vermuten, doch Klarheit stellt sich erst ein, wenn wir einen bestimmten Punkt erreicht haben. Manches ist tatsächlich ungefähr absehbar, doch vieles bleibt riskant, manches ist sehr gefährlich. Wenn wir eine Wegstrecke zurückgelegt haben, betrachten wir das Ergebnis: Gelingendes nehmen wir erfreut zur Kenntnis, nicht Gelungenes wird hinterfragt.

Theseus weiß, dass er sich auf eine große Gefahr einlässt. Niemand kann vorab sagen, ob ein Kampf gut ausgeht. In unserem Alltag geht es um andere Kämpfe, etwa: »Reicht das Geld?« Oder: »Kann und schaffe ich das, was ich mir vorgenommen habe?« Ohne zu wissen, was wirklich auf ihn zukommt, stellt sich Theseus dem Weg, er überwindet die Angst und wagt sich in die Mitte.

Sich dem Leben zu stellen bedeutet,
immer auch das Risiko auf sich zu nehmen,
grundlegend zu scheitern.

Möglicherweise ist der Weg zu lang. Ich glaube nicht, dass es etwas bringt. Ich habe jetzt nicht die Zeit und bin nicht darauf eingestellt. Vielleicht schaut jemand zu und ich mache etwas falsch. Das sind mögliche Gründe, ein Labyrinth nicht zu begehen.

Manchmal brauchen wir Hilfe, Zuspruch, Aufforderung, Herausforderung, um uns auf etwas einlassen zu können. Manchmal brauchen wir auch jemanden, der uns an der Hand nimmt.

Auseinandersetzung und Erkenntnis

Für die Kämpfe des Lebens gibt es noch ein zweites Wort: Auseinandersetzung. Das Schwert ist ein Symbol für das Trennen und Auseinanderteilen. Kämpfe fordern uns immer dazu auf, Wichtiges von Unwichtigem, Wertvolles von Belanglosem zu trennen. Wenn wir etwas erreichen, haben wir die Welt wertvoller, bedeutungsvoller, besser gemacht. In allen Kämpfen und Auseinandersetzungen versuchen wir einen möglichst guten Weg zu finden für die vor uns liegenden Probleme. Auseinandersetzung führt zu Erkenntnissen. Wenn wir uns mit etwas auseinandergesetzt haben, wissen wir mehr. Wir können feststellen, was gut oder weniger gut war.

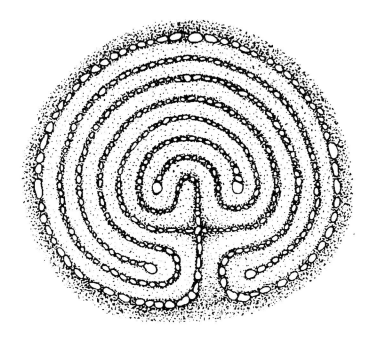

Theseus stellt sich dem Minotaurus. Er ist ein Bild für uns, wenn wir uns immer wieder den Kämpfen des Lebens stellen, außen wie innen, in der Welt und in uns selbst.

*Wer den Kampfplatz betritt,
hat den Sieg über sich selbst bereits errungen.*

Ist in der Mitte wirklich ein Ungeheuer? Manche sagen, in der Mitte des Labyrinths sei Gott zu finden, andere empfinden sich ganz bei sich selbst angekommen. Für wieder andere ist es vor allem die wunderbare Stille, die in der Mitte zu wohnen scheint. Manche würden am liebsten ein Lied anstimmen oder ein Dankgebet.

Viele, die ein Labyrinth bauen, denken über eine besondere Gestaltung der Mitte nach. Aber es gibt gute Gründe, sie einfach leer zu lassen. Denn in der Mitte kann alles sein; alles, was Menschen dort erleben und empfinden, ist richtig und wahr. Und es ist so unterschiedlich, wie es verschiedene Menschen gibt. Nur eines ist in der Mitte für alle gleich und das ist immer auch etwas Besonderes: Man ist angekommen.

In der Mitte ist alles in Balance.

*Ein Sturm zarten Hauches.
Eine Klangwolke süßer Stille.
Ein Feuerwerk verwobener Dunkelheit.
Eine Stimme feinen Schweigens.*

Die Rückkehr

Der Faden der Ariadne wirft eine interessante Frage auf. Klassische Labyrinthe, und in einem solchen spielt die Theseusgeschichte, haben immer nur einen Weg. Aber wenn es nur einen Weg gibt, wozu dann der Faden? Einen Faden würde man doch nur brauchen, um in einem Irrgarten den Rückweg zu finden. Wenn Theseus nicht in einem Irrgarten, sondern in einem Labyrinth ist, könnte er doch einfach den Weg zurückgehen und käme automatisch zum Ausgang.

Der Weg in das Labyrinth hinein wird der Heldenweg genannt, der Weg aus dem Labyrinth heraus ist der Weg der Liebe.

Die Bedeutung des Fadens besteht nicht darin, den Weg zu weisen, sondern ihn überhaupt in Angriff zu nehmen. Viele eilen nach einem Sieg gleich zum nächsten Kampfplatz und übersehen den Weg zur Liebe. Der Faden der Ariadne ist eine Einladung zurückzugehen. Was nützen die erfolgreichsten Kämpfe, wenn nicht die Liebe in unser Herz einzieht? Der Faden erinnert Theseus daran, zurück zu Ariadne zu gehen. Der Kampf, der Erfolg, das Tun ist nur ein erstes Ziel. Danach folgen andere Ziele, die eine ebenso große, vielleicht sogar noch viel größere Bedeutung haben: Beziehung, Zugehörigkeit, Liebe.

Alle großen Geschichten erzählen von diesen beiden Wegen, von den Kämpfen und von dem, was danach kommt. Für den zweiten Weg wird uns ein Faden ausgelegt, der uns lockt, zieht und führt. Jeder Mensch ist eingeladen, diesem roten Faden des Lebens zu folgen, damit er dort ankommt, wo im Grunde alle Pilgerwege enden: zu Hause.

Suche das Ziel,
finde die Liebe.
Suche den Erfolg,
finde die Zufriedenheit.
Suche die Mitte,
finde dich.
Suche das Du,
finde mich.

Beziehung und Liebe

Wer aus der Mitte eines Labyrinths herausgeht, hat die gleiche Wegstrecke vor sich wie auf dem Weg nach innen. Wer in der Mitte umkehrt, dem rückt ein neues Ziel ins Blickfeld: der Ausgang und alles, was dort wartet. In der Theseusgeschichte wartet Ariadne, es wartet eine Beziehung, die Frau, das Weibliche, die Liebe. Die Liebe hat viele Gesichter und der Weg zurück ist immer auch ein Weg der inneren Wandlung. Der Rückweg bedeutet, aus den gemachten Erfahrungen eine innere Transformation geschehen zu lassen, sich wandeln zu lassen. Die großen Themen dieser zweiten Reise sind Demut, Mitgefühl und Vertrauen. Sie sind das Ziel aller Reisen. Um sie zu erreichen, brauchen wir alle immer wieder einmal jemanden, der uns den Faden der Liebe in die Hand gibt.

Vom Stolz zur Demut.
Vom Zorn zum Mitgefühl.
Von der Angst zum Vertrauen.

Das sind die eigentlichen Reisen
des Menschen.

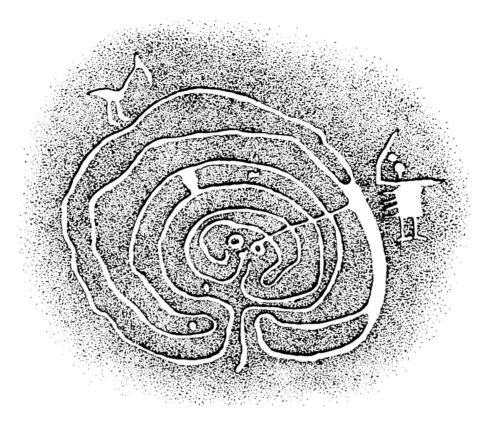

Das Fest des Lebens

Nach dem Sieg über den Minotaurus reist Theseus gemeinsam mit Ariadne und den befreiten Geiseln nach Athen zurück. Ihre erste Station ist die Insel Delos, wo sich der Überlieferung nach ein weiteres Labyrinth befand oder für diesen Anlass erstellt wurde. Gemeinsam tanzen sie den Hochzeitstanz, indem sie den Linien des Labyrinths folgen. Vermutlich handelt es sich um ein Labyrinth, das im Sand aufgezeichnet und als Tanzplatz verwendet wurde. Dieser Tanz im Labyrinth ist vielfach dokumentiert. Teilweise wird er bis heute getanzt, zum Beispiel beim Tänzelfest in Kaufbeuren.

Das Labyrinth ist also nicht nur ein Gefängnis für das Ungeheuer, ein Ort der Auseinandersetzung und des Kampfes, sondern auch ein Ort des Festes und der Feier, so wie das Leben nicht nur Kampf bedeutet, sondern auch Glück, Freude und Tanz.

Einen Tanzplatz erstehn ließ der hinkende Feuerbeherrscher,
jenem gleich, den einst im weitgeräumigen Knossos
Daidalos künstlich ersann für die bacchische Ariadne.
Herrliche Jünglinge und deren geliebte Jungfraun
tanzten dort, all sich verneigend, die Hände innig verschlungen.
... Sie gingen in Reihen gegeneinander, strahlenden Auges sich treffend.
Zahlreich stand das Gedränge um den lustigen Reigen versammelt,
Harfen schlagend begleitete ein göttlicher Sänger das Spiel.
Zwei Gaukler durchtanzten im Takt das Gewirr der geschwungenen Pfade,
bis sie sich fanden, freudig begrüßend, im Mittelpunkt des Kreises.

Homer, Ilias

Im Jahre 16 vor Christus besetzten die Römer unter Kaiser Augustus das oberitalienische Tal Valcamonica. Damit ging für die Bewohner des Tales, das Volk der Camuni, eine lange Zeit eigenständiger Kultur zu Ende. Die Camuni waren einer der vielen alpinen Hauptstämme, die in jener Zeit dem Römischen Reich eingegliedert wurden.

Wie viele andere frühe Kulturen hatten die Camuni die Gewohnheit, Figuren, Bilder von Alltagsgegenständen und Ereignissen aus ihrem Leben in die Felsen einzuritzen oder Felsen zu bemalen. Die Vielfalt und Fülle der Abbildungen ist einzigartig, über hunderttausend Figuren sind bisher bekannt. Mehr als drei Viertel befinden sich in der Umgebung von Capo di Ponte, 70 Kilometer nördlich des Iseosees. Sie bilden damit die größte Ansammlung prähistorischer Kunst in Europa.

Die Fülle der Darstellungen ermöglicht einen einzigartigen Einblick in die Lebensweise der Camuni, in ihre Kultur und Religion. Neben den zu erwartenden Darstellungen von Tieren, Jagdszenen, Kämpfen, Feldarbeit, Tänzen, Göttern und Priestern finden sich auch einige Überraschungen. Da werden mit dem Lasso eingefangene und berittene Hirsche oder der Bau eines vierrädrigen Wagens dargestellt. Unter den Steinzeichen befinden sich auch Labyrinthdarstellungen. Neben einem der Labyrinthe sind Tänzer dargestellt und es ist ein Vogel eingeritzt. Er könnte einen Kranich darstellen und damit einen Hinweis auf den Geranos geben. Dies war ein weit verbreiteter Hochzeitstanz, der das Balzverhalten der Kraniche nachempfand.

Verlust und Trauer

Auf der nächsten Station der Reise von Theseus und Ariadne, der Insel Naxos, geht überraschend die junge Beziehung in die Brüche. Während in deutschen Märchen meistens die dauerhafte, glückliche Beziehung am Ende der Geschichte steht, wird in griechischen Geschichten oft die eine oder andere Tragödie des Lebens eingebunden. Beziehungen können scheitern, manchmal nach Jahren, manchmal auch gleich. Die Erklärungen dafür sind nicht immer so leicht zu finden und auch in der griechischen Tradition stimmen an dieser Stelle die einzelnen Überlieferungen nicht überein. Da ist vom Tod Ariadnes die Rede, vom Raub Ariadnes durch Dionysos, davon, dass sich Theseus in eine andere verliebt oder Ariadne auf Naxos einfach vergisst.

Der Grund für das Ende der Beziehung zwischen Ariadne und Theseus ist nicht so wichtig. Verlust ist eine Realität, die jeder Mensch in der einen oder anderen Form erlebt. Freundschaften, Beziehungen, Liebschaften, Ehen können enden. Manche Wege geht man ein Stück gemeinsam und dann ereignet sich etwas, das ein Weiterführen der Gemeinsamkeit unmöglich macht. Ganz gleich, wie gut oder nicht das Ende begründet ist – immer ist es auch schmerzlich und macht traurig. Verlust bedeutet, das Nicht-bleiben-Können von etwas, dessen Bleiben man sich zumindest in irgendeiner Form gewünscht hätte. Trennung ist der Abbruch einer ursprünglich gedachten Fortsetzung und dieser Bruch schmerzt. Theseus versinkt in große Traurigkeit und behält die schwarzen Segel auf seinem Schiff.

Lars' Beziehung brach auseinander. Viel guter Wille, viel Aushalten, viele Dennochs hatten die Hoffnungsfäden noch eine Weile zusammenhalten können, bis es eindeutig war und Maria auszog. Lars fiel in ein schwarzes Loch und wusste, dass er etwas tun musste, um seine Enttäuschung und Trauer auffangen zu können. Er beschloss, ein Labyrinth zu bauen. An einem idyllischen Platz an der Küste trug er Steine zusammen und legte sie zu einem klassischen Labyrinth. Nach einiger Zeit brachte er die Scherben einer Flasche in die Mitte, die ihm Maria einmal geschenkt hatte. Die Flasche war schon früher einmal zerbrochen und Lars hatte die Scherben aufgehoben, weil die Flasche handgemacht war und Maria einzelne Worte aufgeklebt hatte. Nun streute er die Scherben in der Mitte aus. Mit der Zeit deckte der Wind die Scherben mit Sand zu.

Viele Menschen begingen das Labyrinth und zunehmend vermischten sich die Scherben mit dem sandigen Boden. Mit der Zeit wurden die Scherben stumpfer und die Schrift auf den Zetteln verblasste. Das letzte Wort, das Lars noch entziffern konnte, war »Silence«. Da fasste er den Entschluss, dass es Zeit wäre, den alten Ballast abzuwerfen. So baute er das Labyrinth ab und warf die Steine über die Böschung ins Meer.

Bestürzt rief ihn tags darauf ein Freund an: »Lars, jemand hat dein Labyrinth zerstört.« »Nein«, antwortete Lars, »das war ich selber.«

Doch das Labyrinth war nicht verschwunden, denn die vielen Menschen, die es begangen hatten, hatten Spuren hinterlassen, sodass es noch gut zu erkennen war. Nur war es inzwischen ganz leicht geworden und seine Begrenzung bestand nicht mehr aus Steinen, sondern aus Pflanzen und der Unebenheit zwischen Weg und Grenze. Noch einige Monate war das Labyrinth zu sehen, bis der Wind es nahezu völlig ausgelöscht hatte. Da legte Lars auf die Linien neue Steine, damit der Platz auch für die, die das Labyrinth inzwischen so schätzten, bestehen blieb. Nach den Scherben grub er nicht mehr.

Inzwischen hat Lars noch andere Labyrinthe gebaut, eines auch gemeinsam mit seiner neuen Freundin und Frau.

Das Labyrinth im Mythos

Brücken bauen

Manche Wege können über Brücken zueinander führen, anderes bleibt unüberbrückbar,

manche Wege sind verwoben wie im Labyrinth in Lands End bei San Francisco.

Das Königtum

Alle Menschen dieser Welt sind eingeladen, Könige und Königinnen, Priester und Priesterinnen zu werden. Königreiche gibt es viele: kleine und große, unscheinbare und leuchtende. Das priesterliche Handeln, sich um die eigene Seele und die der anderen zu kümmern, in Kontakt mit Gott und dem großen Geheimnis hinter den Dingen zu stehen, ist ebenso vielfältig lebbar. Manche Menschen zögern, manche trauen sich nicht, manche meinen, sie seien nicht gut genug.

Doch das Leben ruft uns, den Mantel zu nehmen, der uns gereicht wird. Jeder Mensch wächst an seiner Aufgabe, jeder ist ausgestattet mit Würde und Fähigkeiten, seinen Platz einzunehmen und eine königliche, priesterliche Aufgabe zu übernehmen. Immer ist es eine Freude, wenn jemand sein Königreich erkennt und einnimmt, und ebenso ist es ein Fest des Lebens, wenn Menschen priesterlich handeln.

Manchmal muss der Platz unseres Königreiches erst frei werden. Dazu müssen die »Alten« auch den Mut aufbringen, im rechten Augenblick den Weg freizumachen. Den richtigen Zeitpunkt zu finden, das Richtige loszulassen und das Notwendige zu behalten, ist eine hohe Kunst.

Im Theseusmythos wird dieses Thema auf dramatische Weise gelöst. Als Aegeus, der Vater von Theseus, die schwarzen Segel sieht, stürzt er sich aus Gram ins Meer. Damit ist der Weg für Theseus frei und er wird König von Athen. Den Platz freizumachen hat immer etwas Bewegendes, wenn auch nur selten eine solche Dramatik wie im Mythos.

*Ein Königreich ist meist nicht das Ergebnis einer Eroberung,
sondern das Antreten eines Erbes.*

Jede Lebensreise hat einen tiefen Sinn. Ein grundlegender Lebenssinn für alle Menschen besteht darin, sich zu entwickeln und zu entfalten und die eigenen Gaben zur Blüte zu bringen. Wir sind eingeladen, Könige und Königinnen zu werden und unser Königreich zu bewohnen. Das Labyrinth unseres Lebens schickt uns nicht nur einmal auf den Weg, sondern wieder und wieder. Wir bewegen uns hinein und heraus; wir fassen Ziele ins Auge, wandeln uns und werden gewandelt; wir erreichen die Mitte und gehen weiter. Alles dient dazu, die Stärken zu entfalten und zu den Schwächen zu stehen. Wer seine Gaben einsetzt, wer sein Reich einnimmt, wird dadurch königlich und priesterlich.

Eine labyrinthische Geschichte aus alter Zeit

Nicht nur im griechischen Theseusmythos wird eine labyrinthische Geschichte erzählt. Auch in vielen anderen Geschichten sind die Elemente des Labyrinths wiederzufinden: der verschlungene Weg, die Wendungen vom Ziel weg, die erfolgreiche Ankunft und der Rückweg, der nach der äußeren Wandlung die innere Wandlung beschreibt. Ein Beispiel ist die Geschichte von Jona im Alten Testament der Bibel.

Der Prophet Jona vernimmt einen an ihn gerichteten Auftrag. Er wird gerufen, etwas zu tun, was er gut kann. Er soll die Stadt Ninive zur Umkehr rufen. Der Prophet besteigt ein Schiff, jedoch nicht, um seinen Auftrag zu erfüllen. Er flieht bewusst in die entgegengesetzte Richtung. Doch bald zieht Gegenwind auf. Der Prophet wendet sich ein weiteres Mal vom Ziel weg, steigt in den Bauch des Schiffes und legt sich dort zum Schlafen. Der Wind steigert sich zum Sturm und die Mitreisenden wecken Jona auf. Er wendet sich aber immer noch nicht dem Ziel zu, sondern macht einen geradezu bestürzenden Vorschlag: Er fordert die anderen auf, ihn ins Meer zu werfen. Zuerst will niemand sich darauf einlassen, aufgrund der immer schwierigeren Lage wirft ihn die Mannschaft jedoch schließlich ins Meer und überlässt ihn seinem Schicksal. Damit hat sich Jona noch einmal von seinem eigentlichen Ziel weggewandt und stattdessen seinen völligen Untergang gewählt.

Doch wundersame Rettung erscheint in Form eines Wals, der ihn verschluckt. Im Bauch des Wals, in tiefster Dunkelheit sitzend, kommen sein ganzer Frust, sein Zorn und seine Depression zum Vorschein. Zuerst beschuldigt er Gott selbst für sein Schicksal und seine Verbitterung. Lautstark beklagt er seine Misere. Doch dann wendet er sich vom Weg der Dunkelheit zum Weg zurück zum Licht. Er möchte einen Neuanfang des Vertrauens wagen.

In meinem Inneren ertönt ein Schrei: Gott, du hörst mich doch, oder?
Aus der Tiefe der Unterwelt schreie ich um Hilfe. Du hörst doch mein Rufen?
Du hast mich in das Herz der Meere geworfen, mich haben die Fluten umschlossen,
all deine Wellen und Wogen schlagen über mir zusammen.
Aus jeglichem Gefühl von Nähe hast du mich herausgeschleudert.
Wie kann ich mich je wieder sicher fühlen?
In die allertiefsten Tiefen bin ich gefallen.
Hinter mir donnern die Riegel ins Schloss.
Du, Gott, holst mich lebendig aus dem Grab.
Nichts mehr ist in mir. Nur auf dich kann ich noch hoffen, zu dir mein Gebet erheben.
Bei dir will ich sein und zu dir gehören.
Dein Lob will ich singen und erfüllen, was du in mich gelegt hast.

Gebet des Jona im Bauch des Wals (nach Jona 2)

Die Dunkelheit gibt ihn frei und ein zweites Mal wird ihm der Auftrag zugesprochen. Nun geht er die Sache an und meistert sie bravourös. Eine ganze Stadt ist ergriffen von seinen Worten und kehrt um. Nach vielen verschlungenen Wegen und Wendungen hat er das Ziel erreicht.

Zwar hat Jona Erfolg, doch er spürt, dass er in seinem Herzen ein verbitterter, zorniger, todessehnsüchtiger Mensch geblieben ist. Der Erfolg hat zwar den anderen geholfen, ihm selbst jedoch nicht. So zieht er hinaus in die Wüste, all die alte Dunkelheit in sich und wieder erfüllt von Todessehnsucht. Durch die Natur, durch einen Strauch findet er erstmals das zarte Pflänzchen der Freude in sich. Doch der Strauch verdorrt und erstmals empfindet Jona Mitleid. Die leise Stimme der Natur lehrt ihn, die kostbaren Gefühle des Menschseins zu empfinden, zu pflegen und zu erhalten: Freude, Mitgefühl, Barmherzigkeit, Dankbarkeit. Schließlich führt Gott den Propheten sogar von der Liebe zu einem Strauch weiter zur Liebe zu allen Menschen und der gesamten Schöpfung.

Der Weg in das Labyrinth hinein und heraus ist in dieser Geschichte auf wunderbar einfühlsame Weise beschrieben. Die Wendungen und Kämpfe, die Klage und das Gebet in der Dunkelheit am äußersten Rand des Labyrinths, das Erreichen des Zieles und die Verwandlung auf dem Rückweg lassen diese Geschichte zu einer labyrinthischen Erzählung werden.

Nach der Gerechtigkeit kommt
die Barmherzigkeit.

Wege und Wandlungen

Das Labyrinth ist ein Spiegel.

Er hält uns das Leben vor Augen.

Das Labyrinth wird jedem Menschen

etwas anderes sagen,

aber immer spricht es von den

Geheimnissen des Lebens.

Deshalb gilt es als meisterliches

Werkzeug der Erkenntnis.

Münsterschwarzach

Die universelle Sprache der Symbolik

Symbole sind eine besondere Sprache der Menschheit. Diese Sprache wird überall auf der Welt gesprochen und überall verstanden. Sie ist ein universales Kommunikationsmittel. Zugleich sind Symbole offen für jede Art der Interpretation. Es gibt nie nur eine richtige Deutung, sondern immer viele. Jeder Mensch sieht etwas anderes und in der Auseinandersetzung mit dem Bild begegnet ihm etwas anderes.

Die Frage, was Menschen beim Gang durch das Labyrinth empfunden oder erlebt haben, findet die unterschiedlichsten Antworten. Für manche ist der Gang durch das Labyrinth nichts Besonderes, für andere öffnet sich eine innere Welt.

Die Interpretationen des Labyrinths und seine Bedeutung sind grenzenlos und jeder Mensch, der ein Labyrinth begeht, fügt seine Erfahrungen hinzu.

*Das Labyrinth ist zugleich der Kosmos, die Welt,
das Leben des Einzelnen, der Tempel, die Stadt, der Mensch,
der Schoß, die Windungen des Hirns, das Bewusstsein,
das Herz, die Pilgerfahrt, die Reise und der Weg.
Dies ist eine famose Aufzählung für die Vielfalt der Bedeutungen,
die ein großes Symbol kennzeichnen.*

Hubertus Halbfas

Der Weg

Die Wegsymbolik – das Labyrinth als Metapher für den menschlichen Lebensweg – ist die zentrale Bedeutung des Labyrinths. Vom Eingang her ist die Mitte meist gut sichtbar. Kurz scheint die Distanz, eindeutig der Weg. Doch sobald man die ersten Schritte gegangen ist, weiß man auch schon: Nichts ist so einfach, wie es scheint. Der Weg führt in die erste Wendung, weg vom Ziel, am Ziel vorbei. Wenn der Weg sich gar so weit zieht, können Zweifel aufkommen. Bin ich überhaupt noch auf dem richtigen Weg? Ist das Ziel wirklich erreichbar?

Das Labyrinth von Chartres hat 28 Wendungen bis zur Mitte. Das bedeutet, 28-mal anzustoßen, sich zu wenden, neu anzufangen, 28-mal sich neu zu orientieren, eine neue Blickrichtung und neue Perspektiven einzunehmen. Der gesamte Weg ist insgesamt 40-mal länger als die Distanz vom Eingang zur Mitte.

Einmal führte ich einen blinden Freund durch das Labyrinth von Chartres und nach einigen Wendungen begann er jede weitere Wendung mit einem lauten »Aha« zu kommentieren. So wurde mir die große Anzahl der Wendungen noch deutlicher bewusst.

Das Labyrinth zeigt: Alle Wege müssen ausgeschritten werden. Nichts kann abgekürzt oder ausgelassen werden. Geduld und Beharrlichkeit werden bald die wichtigsten Begleiter des Weges. Beim Abgehen eines Labyrinths öffnet sich oft ein besonderes Zeitfenster: Zeit zum Nachdenken, Zeit, um aus dem Inneren Fragen und Gedanken kommen zu lassen, Zeit, um nachzuspüren, was mich gerade bewegt, Zeit, diese Dinge hineinzunehmen in Gebete, Überlegungen und Vorhaben. In den verschlungenen Wegen des Labyrinths lässt es sich gut einkehren. Und auf einmal ist sie dann da: die Mitte.

Das Labyrinth ist ein Bild dafür, dass Wertvolles nicht einfach zu haben ist. Was einen Wert hat, fällt uns nur selten vor die Füße, sondern ist meist nur zu erreichen, indem wir uns auf den Weg begeben. Bedeutende Ziele verlangen viele Schritte.

Auch der innere Weg der Wandlung ist nicht einfach. Viel wird gefordert und viele Wendungen, Veränderungen und Grenzerfahrungen sind Teil des Ganzen. Erst nach dem Durchschreiten und Durchleben all dieser Wendungen, Veränderungen und Grenzerfahrungen wird die Mitte erreicht. Und erst im Überblick entfaltet sich die Schönheit des Ganzen.

Labyrinth der Wandlung in der »Labyrinthgemeinde« Hofkirchen

Wer die Mitte sucht, wird sich auch von der Länge des Weges

nicht beirren lassen. Belangloses und Beliebiges sind schnell erreichbar,

Kostbares und Wichtiges nicht.

Das Gefängnis

Im Mythos wird das Labyrinth als Gefängnis für den Minotaurus gebaut. Der Mensch hat ein starkes Bedürfnis, alles zu kontrollieren und Dinge in den Griff zu bekommen. Davon zeugen häufig verwendete Formulierungen wie »Das ist absolut sicher«. Doch ist der Mensch nicht ständig damit konfrontiert, dass nichts so beherrschbar ist, wie er das gerne möchte? Die persönliche Erfahrung genauso wie die Geschichte lehren, dass Kontrolle immer nur teilweise, aber nie völlig möglich ist oder gelingt. Weder Gefühle noch die Entwicklungen der Technik noch die vielfältigen sozialen Beziehungen des Menschen sind »absolut sicher«. Ja, nicht einmal seiner selbst kann sich der Mensch sicher sein: Ob er will oder nicht, er wandelt sich, manchmal unmerklich wie in einer sanft gekrümmten Bahn, manchmal radikal wie in einer Kehre.

Niemand weiß, ob er freundlicher oder verbitterter, offener oder verschlossener aus der nächsten Krise herauskommt.

So wie Dädalus beauftragt wurde, das Labyrinth als Gefängnis für den Minotaurus zu bauen, so schließen wir unsere eigenen bedrohlichen Gefühle, Ängste, Unsicherheiten und Emotionen tief in uns ein.

Das Labyrinth kann zum Zeichen für das Gefängnis werden, in dem wir eingeschlossen sind, wenn wir keine Auseinandersetzung wagen. Der Weg tief in das Labyrinth hinein, das Ringen mit den inneren Ungeheuern steht jedem offen. Es ist ein schwieriger, langer Weg, aber er ist begehbar.

*Das Labyrinth bedeutet den Aufbruch
ins Unbekannte. Das Labyrinth zeigt,
dass der Aufbruch allein nicht reicht,
sondern dass der ganze Weg
gegangen werden muss.
Und dazu bedarf es einer bestimmten Kraft,
einer bestimmten Motivation.
Es reicht nicht,
sich »irgendwie verändern zu wollen«
oder »mal so zum Spaß mitzuspielen«.
Es reicht nicht,
weil der Einsatz nicht hoch genug ist
und das Spiel um nicht mehr und nicht weniger
als um einen sehr hohen Anspruch geht,
nämlich: lebendig zu sein.*

Kaye Hoffmann

Der Tod

Nicht zufällig finden sich Labyrinthe auf Grabkreuzen oder bei Grabanlagen. Das Labyrinth ist auch ein Symbol des Todes.

Der Weg zur Mitte kann auch als der Weg von der Geburt bis zum Tod verstanden werden. Was nach dem Tod kommt, weiß niemand mit letzter Sicherheit. Aber nahezu jede Kultur dieser Welt lehrt, dass etwas kommt. Dadurch, dass das Labyrinth zwei Wege hat, den Weg hinein und den Weg heraus, ist es auch ein Abbild einer tröstlichen Botschaft. Der Weg in das Labyrinth hinein ist ein Weg in den Tod, in die Unterwelt. Der Weg heraus ist ein Lebensweg, der Weg in ein neues Leben.

Das Ende des Labyrinthes

Ich nahm mir vor, bis zum Ende sitzen zu bleiben, bis zum Erlöschen der letzten Kerze des Lichterlabyrinths. Das fand ich berührend und freute mich auf diese Erfahrung, dachte an Frieden und Entspannung. Ich saß alleine da, nur mit einer brennenden Kerze vor mir auf dem Tisch, und sah zum Labyrinth hin. Ich genoss die Atmosphäre, gespannt und wachsam, und die Ruhe. Die Schnaken kamen, der Wein ging zu Ende und es regnete auf das Scheunendach. Ich, die Hüterin der Kerzen!

Doch auf einmal bekamen die flackernden Tüten, in denen die Kerzen des Lichterlabyrinths standen, Gesichter. Sie wurden persönlich. Ach was, zu viel Fantasie! Die Kerzen verloschen nach und nach, erst ein langes Flackern, dann eine immer dunkler, rötlich werdende Tüte, dann das Verlöschen der Kerze. Aus.

Und so ging es immer weiter. Ich fing an, die letzten Kerzen zu zählen. 15 noch. Langsam wurde mir mulmig. Es wurde immer dunkler um mich herum. Je mehr Lichter ausgingen, desto mehr spürte ich ein dunkles Ende nahen. Das hatte etwas mit Verlöschen, mit dem Verlöschen von Leben zu tun. Ich schalte ab oder die Menschen um mich herum verschwinden. Ich dachte an meinen 86 Jahre alten Schwiegervater, der mir einmal erzählt hatte, dass immer weniger Freunde und Bekannte zu seinem Geburtstag kämen, da immer weniger noch mit ihm seien, sprich gestorben sind. Meine Anspannung wuchs. Wie lange würde ich aushalten? Warum konnte ich das Geschehen nicht gelassen, mit Abstand betrachten? Warum saß ich hier alleine? Warum hatte ich vorher niemanden gebeten, bei mir zu bleiben? Wer führte mich in diese Erfahrung? Der Raum wurde dunkler, die erloschenen, nun weißen Tüten erschienen mir wie Grabsteine. Aushalten. Als meine letzte Lampe, die im inneren Kreis noch brannte, verlosch, hielt ich die Stimmung nicht mehr aus. Es ist noch nicht Zeit für mich, das Ende zu erleben, oder ich kann es zumindest noch nicht aushalten, ich will leben! Ein unbändiger Lebenswille brach in mir durch. Da gibt es noch so viel zu erleben und zu lieben!

Ich stand auf, musste mich durchringen, in das fast dunkle Labyrinth zu gehen und die letzten verbleibenden drei Lichter auszupusten. Tief in mir wendete sich ein Blatt und ich spürte, dass ich bereit war für meinen Weg ins Leben.

Claudia Koch

*Weitergehen, auch wenn ich Angst habe.
Wenden, auch wenn ich meine Ruhe möchte.
Umkehren, auch wenn am liebsten
alles so bleiben soll, wie es war.
Neu anfangen, auch wenn mir der Mut fehlt.
Weitergehen, damit das Leben rund wird.*

Ein besonderes Blumenbeet mit dem Symbol des Mondes in der Mitte

Die Mitte

Die Mitte im Labyrinth ist ein seltsamer Ort. Manchmal ist die Labyrinthmitte eng, manchmal weit, manchmal besonders ausgeschmückt, manchmal schlicht. Aber sie ist immer eindeutig. Oft im Leben wissen wir nicht, ob wir das Ziel schon erreicht haben oder ob wir noch weitergehen müssen. Beim Labyrinth stellt sich diese Frage nicht. Jeder weiß in der Labyrinthmitte: Das ist der Endpunkt des Weges. Das Erreichen der Mitte gibt Anlass zu besonderen Reaktionen: Triumphgefühle, Freude, Geborgenheit – kaum jemand, der in einem begehbaren Labyrinth die Mitte erreicht, bleibt emotionslos. Dieses eindeutige Erlebnis, nach einem langen Weg angekommen zu sein, lässt in vielen den Wunsch aufkommen, ein wenig zu verweilen. In Labyrinthen mit einem großen Mittenplatz finden sich oft erstaunlich viele Menschen zusammen. Ich habe Kinder beobachtet, die einen halben Nachmittag in der Mitte eines Gartenlabyrinths verbrachten, und eine Gruppe Erwachsener, die in der Mitte fast eine Stunde zusammenstanden und sangen.

Mit der Mitte ist aber auch eine klare Aufforderung verbunden, nämlich umzukehren. In der Mitte befindet sich die einzige Sackgasse des Labyrinths. Um den Weg hinausgehen zu können, ist eine Kehrtwendung nötig. Im übertragenen Sinn ist es eine Bekehrung. In der Umkehr liegt der Schritt in die Freiheit, der Beginn des Weges aus dem Labyrinth heraus.

In der Mitte ereignet sich der Moment,
an dem sich alle Teile des Lebens
in ein Gleichgewicht einpendeln.

Der Tanz

Zu allen Zeiten war das Labyrinth mit dem Tanz verbunden. Schon in der Theseusgeschichte ist vom Kranichtanz die Rede. Ariadne und Theseus tanzten den Labyrinthweg entlang.

Der Kranich ist ein Reihervogel mit besonders auffälligem Balzverhalten. Beim Balzen plustert er die Federn auf, springt in die Höhe und dreht und wendet sich wie bei einem Tanz. Der Kranichtanz oder Geranos war im minoischen und griechischen Kulturraum und später in Teilen Europas ein bekannter und weit verbreiteter Tanz. Möglicherweise wurde der Geranos direkt auf einem am Boden aufgezeichneten oder aufgelegten Labyrinth getanzt. Eine genaue Choreografie ist aus den Beschreibungen nicht mehr abzulesen. Labyrinthtänze bestehen jedoch meistens aus bestimmten Schrittabfolgen, ähnlich dem Pilgerschritt, der sich aus dem Wechsel von Schritten nach vorn und zurück zusammensetzt.

In Deutschland, England und Skandinavien blieb bis ins 20. Jahrhundert eine Verbindung zwischen Volkstanz und Labyrinthplätzen bestehen. Beim Tänzelfest in Kaufbeuren wird heute noch einmal im Jahr ein Reiftanz durch das Labyrinth aufgeführt und in manchen gängigen Volkstänzen, wie dem Schneckentanz der Basken oder dem Agathtanz in Tirol, lassen sich Elemente der Labyrinthfigur erkennen.

Das Labyrinth als Tanzfigur will auf den Festcharakter des Lebens hinweisen. Über allen verschlungenen Sorgen und Unsicherheiten steht die Aufforderung zum Tanz. Für jeden, der lebt, gibt es auch etwas zu feiern.

Gehen, Schreiten, Wiegen –
Tanzen ist das Einschwingen des Körpers
in die Melodie des Lebens.

*Ich lobe den Tanz,
denn er befreit den Menschen
von der Schwere der Dinge,
bindet den Vereinzelten
an die Gemeinschaft.*

*Ich lobe den Tanz,
der alles fordert und fördert,
Gesundheit und klaren Geist
und eine beschwingte Seele.*

*Tanz ist Verwandlung
des Raumes, der Zeit, des Menschen,
der dauernd in Gefahr ist,
zu zerfallen, ganz Hirn,
Wille oder Gefühl zu werden.*

*Der Tanz dagegen fordert
den ganzen Menschen,
der in seiner Mitte verankert ist,
der nicht besessen ist
von der Begehrlichkeit
nach Menschen und Dingen
und von der Dämonie
der Verlassenheit im eigenen Ich.*

*Der Tanz fordert
den befreiten, den schwingenden Menschen
im Gleichgewicht aller Kräfte.*

Ich lobe den Tanz.

*O Mensch, lerne tanzen,
sonst wissen die Engel
im Himmel mit dir
nichts anzufangen!*

Augustinus

Ein Weg oder viele

Jedes Labyrinth hat nur einen Weg. Bedeutet das, dass unser Weg festgelegt ist, oder besteht die Freiheit, zu entscheiden und zwischen Alternativen zu wählen? Die Weggabelung ist durchaus eine Lebensrealität, vor der wir immer wieder stehen. Die offene Entscheidung für den einen oder anderen Weg ist Teil unserer Erfahrungen.

Eines der größten Geschenke des Lebens ist unsere Freiheit, die Freiheit, Ziele haben und diese Ziele selbst wählen zu können, die Freiheit, diesen oder jenen Weg einzuschlagen, die Freiheit, uns für diese oder jene Reaktion zu entscheiden.

Freiheit ist jedoch nicht beliebig. Jede Freiheit braucht einen Rahmen, Leitlinien, Richtschnüre, Übereinkommen, Versprechen. Ich weiß, dass ich meine Freiheit nur genießen kann, wenn ich Grenzen akzeptieren kann. Ich will Neues tun, aber ich respektiere das Alte. Ich will es anders machen als meine Vorfahren, aber ich achte ihren Weg. Ich will mein Leben leben, aber ich nehme die Ordnungen wichtig, die mich umgeben und mich einbinden in ein gutes Ganzes.

In diesem Respekt bleibt meine freie Entscheidung erhalten. Ich darf meinen Weg suchen und finden. Ich darf immer wieder neu fragen, was ich tun will, was ich gestalten will, was ich sein will.

Indem ich wähle, entscheide ich mich für einen der beiden Wege und mache damit diesen einen Weg zu meinem Weg. Auch wenn zwei Wege offen scheinen, ist mein Weg immer nur einer. Das Labyrinth ist wie alle Symbole eine Reduktion der Realität. Aber in der Vereinfachung liegt die Kraft aller Bilder. So werden wir auf das Wesentliche hingelenkt und darin finden wir Halt. Der Weg des Labyrinths ist einer. Mein Weg ist einer. Das Labyrinth lenkt mich zu dieser Einsicht und gibt mir Kraft.

Meist sind bei einer Entscheidung beide Wege gut.
Wichtig ist, dass ich einen davon gehe.

Alte Rituale

Ein Ritual ist eine Heimat für die Seele.

Es entfaltet seine Kraft in den Zwischenwelten,

die wir kaum beschreiben können

und in denen wir doch so wie sonst

nirgends zu Hause sind.

Das Labyrinth ist ein heiliges und heilendes Zeichen.

Wer es begeht, wird gewandelt.

Wer die Mitte erreicht, wird aufgerichtet.

Wer zurückgeht, trägt einen Schatz mit sich.

Berkeley Hills, Kalifornien

Magische Mauern

Eine besondere Bedeutung erhält das Labyrinth durch seine Verbindung mit den alten Städten Troja und Jericho. Die Mauern Trojas waren – wie Homer berichtet – vom Gott Poseidon als unzerbrechliche Wehrmauer errichtet worden. Selbst der jahrelangen Belagerung durch die Griechen hielt die Stadt stand. Erst die List mit dem trojanischen Pferd konnte die Stadt zu Fall bringen.

Nach Berichten über die Stadtgründungsfeierlichkeiten wurde in Konstantinopel das Trojaspiel aufgeführt. Dies war vermutlich eine feierliche Begehung eines Labyrinths, die zum rituellen Aufrichten magischer Mauern gehörte. Die Verbindung zwischen Troja und Labyrinth war in der antiken Welt so selbstverständlich, dass viele Labyrinthe bis heute den Namen »Trojaburg« oder »Walls of Troy« tragen.

Eine weitere antike Stadt mit berühmten Mauern ist Jericho. Nach der biblischen Geschichte geht dem Fall der Mauern von Jericho ein siebenfacher Umgang der Israeliten voraus. Hier werden Mauern mit göttlicher Hilfe bezwungen. Auch das kretische Labyrinth hat sieben Umgänge. Das siebenfache Umkreisen des Zieles bedeutet, sich zu vergewissern, dass unsere Kraft alleine nicht ausreicht, sondern immer auch das große Ganze, der göttliche Beistand einbezogen werden muss.

In manchen Abbildungen wird nicht nur die Stadt Jericho inmitten eines Labyrinths dargestellt, sondern die Stadtmauern selbst bekommen Labyrinthgestalt. Jericho wird zu einer Labyrinthstadt.

Auch in Nepal soll es eine Stadt mit Mauern in Form eines kretischen Labyrinths gegeben haben, die deshalb uneinnehmbar war. Diese ehemalige und inzwischen im Dschungel versunkene Hauptstadt des Königreiches Mithila hatte den Namen Scimangada. In seinem Reisebericht aus dem 18. Jahrhundert erzählt der italienische Missionar Cassiano da Mercerata von einer Silbermünze, die den Plan der Stadt Scimangada darstellen sollte. Auf dieser Münze war ein Labyrinth abgebildet. Cassiano hat diese Münze abgezeichnet und seinem Reisebericht beigefügt. Dazu schrieb er: »Der König Batgo ließ diese Münzen schlagen, mit Hieroglyphen auf der einen Seite und dem Plan von Scimangada auf der anderen. Die Münzen sind aus Silber und haben den Wert einer Lire. Die mit dem Plan von Scimangada sind aber sehr selten.«

Das Labyrinth lehrt mich die Beständigkeit und den Neuanfang.
Das Labyrinth lehrt mich das Loslassen und das Empfangen.
Das Labyrinth lehrt mich die Mühe und die Freude.
Das Labyrinth lehrt mich das Leben.

Der Text neben dem Labyrinth an einer Säule am Dom von Lucca lautet: »Hier ist das Labyrinth, das Dädalus erfand, aus dem keiner herauskommt, der darin war, außer Theseus, dem die Gunst der Ariadne half und ihr Faden.«

Die eigenen Mauern

Sind auch wir selbst von Mauern umgeben? Manchmal sind wir so uneinnehmbar wie Troja oder Jericho, weil wir unsere Schutzmauern massiv und hoch gebaut haben. Mitunter hilft die List der anderen wie bei Troja oder ein Trompetenklang wie bei Jericho, um die Mauern zu überwinden oder zum Einsturz zu bringen. Manche innere Mauer muss auch geduldig und wiederholt umkreist werden, damit sie brüchig werden kann. Manchmal müssen andere dies tun, wenn sie uns erobern wollen, manchmal aber sind auch wir selbst gefordert, wenn die Zeit gekommen ist, die alten Schutzpanzer abzulegen, um das Leben und seine roten Fäden aufnehmen zu können. Einmal habe ich den Ort meiner neuen Arbeitsstelle, bevor ich meinen Dienst antrat, siebenmal umkreist. Es war jeweils ein Spaziergang von zwei Stunden. Noch heute denke ich daran, wie viel gute Gedanken und wie viel Kraft aus diesen Wanderungen entstanden ist.

Wie viele Schritte hinein?
Wie viele Schritte heraus?
Wie viele Atemzüge hinein?
Wie viele Atemzüge heraus?
Wie viele Herzschläge hinein?
Wie viele Herzschläge heraus?

Viele.

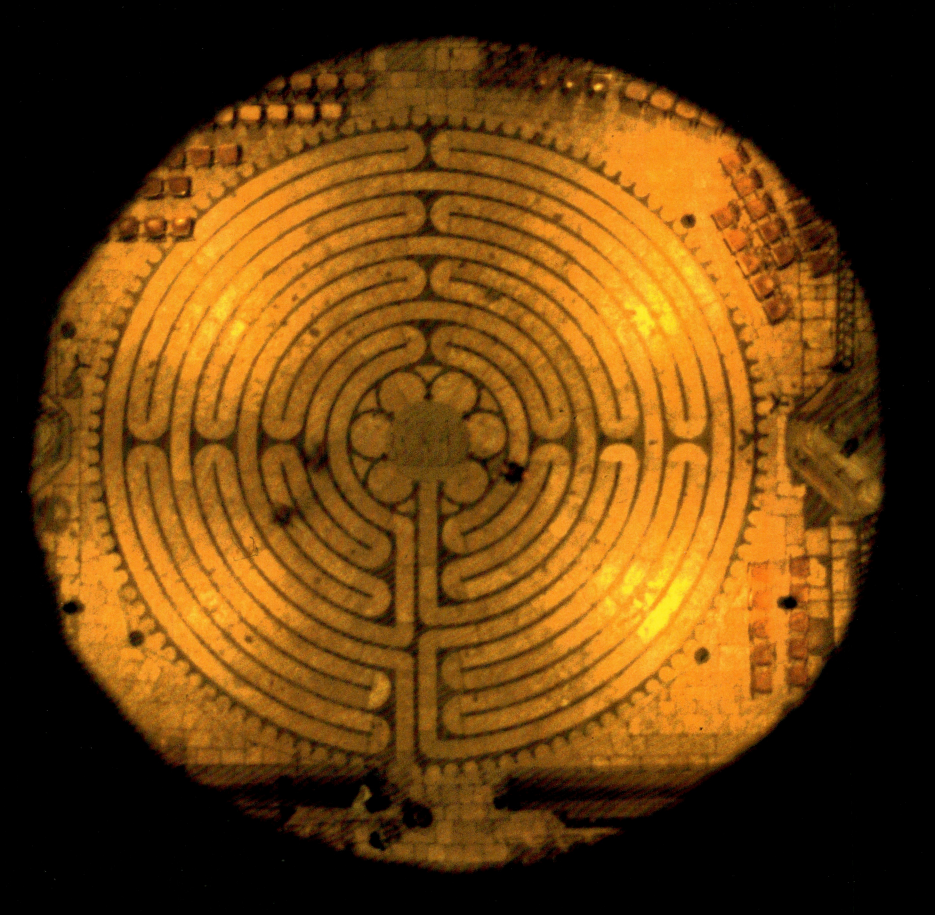

Das Labyrinth in der Gotik

Als ab der Mitte des 12. Jahrhunderts mehrere günstige historische Faktoren zusammentrafen – wirtschaftlicher Aufschwung, warmes Klima, Bevölkerungswachstum, relativer Wohlstand, Frieden, Austausch mit anderen Kulturen –, gelangte die Mitte Europas zu einer bemerkenswerten kulturellen Blüte. Die Gotik entstand. Besonders deutlich ist der Wandel in der Architektur sichtbar. Die Bauart der Kathedrale wurde neu definiert. In einer hochstrebenden Architektur wurde die Statik neu gedacht. Kathedralen bestanden nun nicht mehr aus vier Wänden, sondern das Dach wurde von vielen einzelnen Säulen getragen. Das erlaubte ein Ausbrechen der Zwischenwände und den Einbau großer bunter Glasfenster. Eine völlig neue Lichtfülle und damit einhergehende Lichtmystik wurden geboren. Ein fantastisches Bildprogramm erzählte in den Fenstern und Figuren in anschaulicher Weise die biblischen und die Heiligengeschichten.

Die Kathedrale von Chartres, die fast zur Gänze vollständig erhalten blieb, gilt als Meisterwerk der Gotik. Auch heute noch versetzt sie ihre Besucher in Staunen und Ehrfurcht. Im Hauptschiff wurde am Boden ein Labyrinth eingelegt, das als Einkehrweg und Tanzplatz Verwendung fand und als Vorbild der weiteren Kirchenlabyrinthe gilt. Als ein beliebtes Gestaltungsmerkmal der Kathedralen wurden Labyrinthe in Sens, Reims, Amiens, Arras, Bayeux und anderen Kirchen eingebaut, später auch in der Kathedrale von Ely bei Cambridge und zum Abschluss der Dombauarbeiten 1976 auch in Köln, dort allerdings nur als Dekoration in einem kleinen Format.

Könnte Chartres vergehen, ich mag es nicht glauben. Die Kathedrale erwartet künftige Generationen, die würdig sein werden, sie zu verstehen. So hofft sie und schwingt sich stolz empor von Gewissheit zu Gewissheit und bezeugt uns, dass der menschliche Geist in manchen Stunden zu neuem Leben erwacht, zur harmonischen, in sich ruhenden Ordnung zurückkehrt und zum Schöpfer des unvergänglichen Schönen wird.

Auguste Rodin

Pilgerweg und Ostertanz

Die gotischen Labyrinthe waren ein Pilgerweg im Kleinformat, eine meditative Wanderung im Eingangsbereich der Kathedrale, die den Besucher der Kathedrale einstimmen sollte auf die großartige Schau, die ihn im Innenraum erwartete. Dieses Einkehren und Hin- und Herwenden der Gedanken und Emotionen sollte eine reinigende, klärende Wirkung entfalten. Ein solcher Gebetsweg konnte mit allen Sinnen und dem ganzen Körper erfahren werden.

Von einigen französischen Kathedralen wird die Aufführung des Labyrinthtanzes am Ostersonntag berichtet. Auf dem verschlungenen Labyrinthweg wird die Auferstehung Christi gefeiert. Ausführlich beschrieben wird der Tanz in einer Schrift des Kapitels von Auxerre aus dem Jahre 1396. Zunächst musste der jüngste Kanoniker einen Ball beschaffen, der so groß sein sollte, dass er nicht mit einer Hand gehalten werden konnte. Der Ball wurde als Symbol der aufgehenden Ostersonne verstanden. Zu Beginn der Feier übergab der Kanoniker den Ball an den Dekan oder Bischof, der daraufhin das Osterlied »Victimae paschali laudes« des Wipo von Burgund zu singen begann. Alle stimmten ein, fassten einander an den Händen, bildeten einen Kreis und tanzten in einem Reigen um das Labyrinth, während der Dekan im feierlichen Dreischritt die Labyrinthwege entlangtanzte. Dabei warf oder reichte er den Ball den anderen immer wieder zu. Nach dem Tanz schritt man zum gemeinsamen Festmahl. Bis 1690, also 300 Jahre lang, hielt sich die Tradition des Tanzes am Labyrinth.

In einigen Kathedralen wird das Labyrinth wieder bewusst in die Osterfeierlichkeiten einbezogen und selbst die Wiederaufnahme des Ostertanzes wird erwogen.

Das Labyrinth von Chartres begehen

Viele Menschen reisen nach Chartres, um das einzigartige Labyrinth begehen zu können. Die Atmosphäre der Kathedrale, die bunten Lichtteppiche der Glasfenster ermöglichen ein besonderes Erlebnis.

Indem man das Labyrinth beschreitet, öffnet sich der Raum und der Ort für das, was der Pilger mit sich bringt. Es ist gut, das eigenen Tempo zu finden und dabei doch auch auf die anderen Rücksicht zu nehmen, die im Labyrinth unterwegs sind. Überholen ist möglich, aber es sollte respektvoll und unaufdringlich sein. Manchmal ist es aber auch besser, das eigene Tempo dem der anderen anzupassen.

Das Labyrinth hat zwei Wege, den Weg hinein und den Weg hinaus. Nicht so in Chartres. Hier geht man den Weg nur hinein und nicht zurück. Die Kathedrale selbst ist eine Einladung, weiter nach innen in Richtung der Vierung zu schreiten, wenn man die Mitte des Labyrinths erreicht hat. Das Labyrinth ist eingebunden in ein größeres Gesamtkonzept. Deshalb geht man, nachdem man die Mitte erreicht hat, geradeaus weiter nach vorn.

Im Zurückgehen würde man außerdem die Hineingehenden stören. Das Labyrinth will einen sicheren und kontemplativen Ort schaffen, an dem man sich nicht unbedingt mit der äußeren Frage auseinandersetzen will, ob man selbst oder der Entgegenkommende zur Seite treten soll.

Der Dreischritt in der Kathedrale:
Wer seine Emotionen wandelt
und sein Herz öffnet,
der versteht.

Schusterwitze und Tanzfeste

Im pommerschen Stolp (heute: Slupsk) bestand lange Zeit in der Nähe des Prinzengartens ein großes Rasenlabyrinth. Seine örtliche Bezeichnung lautete »Windelbahn« oder »Wandelburg«. Es hatte 19 Umgänge, im Zentrum lag ein kleiner Hügel mit einem Baum.

Aus dem Jahr 1784 stammt ein bemerkenswerter Bericht über einen Brauch der reisenden Schuhmacher, die alle drei Jahre ein Fest auf dem Labyrinth organisierten. Die Leitung des Festes lag in den Händen eines Maigrafen, dem zwei Bestände zur Seite standen. Die Gehilfen waren zwei »Oberschäfer«, die als Schreiber fungierten, und zwei Narren, »Bruder Armel« und »Bruder Halbsieben«. Am Morgen vor Beginn des Festes gingen die beiden Narren mit ihren Gehilfen durch die Straßen von Stolp und sammelten in den Häusern milde Gaben. Am Nachmittag zog die gesamte Zunft unter Führung der Meister von ihrem Quartier zum Labyrinth. Am Ende der Prozession folgten die beiden Narren in von ihren Gehilfen geschobenen Schubkarren. Am Labyrinth angekommen, dessen Pfade mit Sand und frischen Blumen bestreut waren, tanzten der Maigraf und seine Beistände durch das Labyrinth in dessen Mittelpunkt. Dort hielt der Maigraf eine humoristische Ansprache.

Nachdem man auf den Kaiser, die Stadt, die Meister und die Frauen ein Hurra ausgebracht hatte, spielte die Stadtkapelle eine Tanzweise, nach deren Melodie der Maigraf aus dem Labyrinth wieder heraustanzte. Der Tanz war der »Schwäbische Pas« oder der »Kiebitzschritt«.

Dieser Tanzschritt, der möglicherweise mit dem im Mittelmeerraum bekannten Kranichtanz verwandt ist, bestand aus einem Sprung nach vorne, nach dem der Tänzer kurze Zeit auf einem Fuß stehenblieb, um dann den nächsten Sprung zu machen. Nach dem Tanz bedankte sich der älteste reisende Schuhmacher bei dem Maigrafen und reichte diesem den Zunftbecher zum Ehrentrunk. Daraufhin tanzten die beiden Schäfer durch das Labyrinth, der eine aus der Mitte hinaus zum Eingang, der andere vom Eingang hinein. Wo sie sich trafen, reichte ihnen der älteste Schuhmacher den Becher zum Trunk. Wenn ihnen ein Fehltritt unterlief, wurden sie von den Zuschauern ausgepfiffen. Nach weiteren Ansprachen hatten die Narren das Wort und erzählten die herkömmlichen Schuhmacherwitze. Dann folgte eine Prozession um das Labyrinth, an der sich alle Anwesenden beteiligten. Am Schluss durften die Kinder durch das Labyrinth laufen und die Blumen einsammeln, die sie vor dem Fest auf den Pfad gestreut hatten. Damit war der offizielle Teil vorbei und man begab sich in ein Festzelt, in dem getanzt und getrunken wurde. Die Veranstaltung endete um neun Uhr abends und alles kehrte in einer geschlossenen Prozession zurück in die Stadt.

1908 veranstaltete die Schuhmachergilde ihr letztes Fest in Stolp. Anschließend kaufte das Stadtmuseum das Gelände, die Kostüme und die beim Fest verwendeten Gegenstände von der Zunft. Über den Verbleib der Sachen und auch über das weitere Schicksal des Labyrinths ist in der Literatur nichts bekannt.

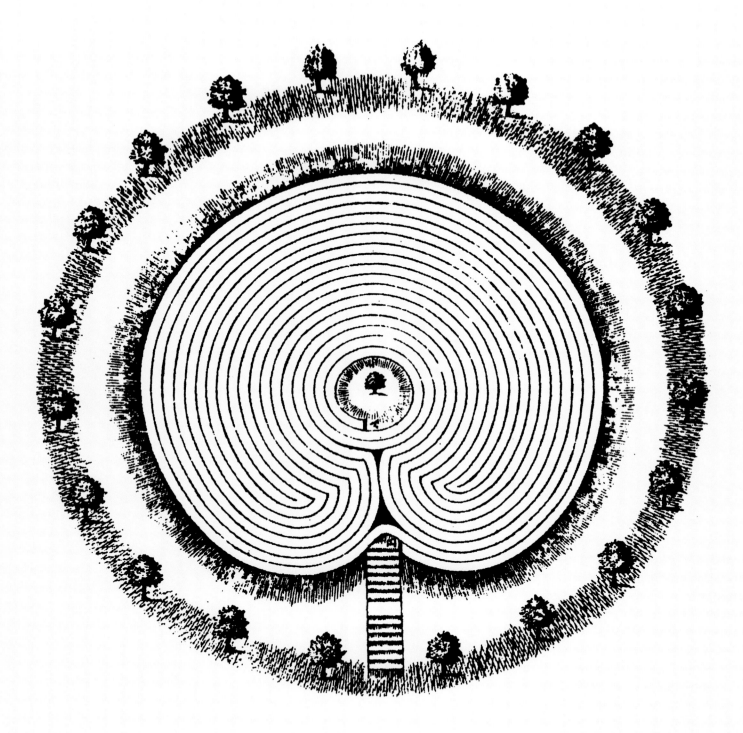

Die »Windelburg« von Stolp,
Durchmesser ca. 45 Meter

Ein fröhlicher Ort

Das Labyrinth ist heiter und ernst, es ist besinnlich und ein passender Ort für eine Meisterschaft im Witzeerzählen. Es ist ein Tanzplatz und ein Einkehrweg, ein Ort der Stille und bunten, lauten Feierns. So wie das Leben diese beiden Seiten verkörpert, so spiegelt es sich auch in der Geschichte und den Geschichten des Labyrinths wider.

Zum Leben gehören Feiern, Spaß, Humor und Tanz ebenso wie Konzentration, Beschaulichkeit, Ernst und Nachdenklichkeit. Gute Spiritualität lässt sich auch daran erkennen, dass sie auch Essen und Feiern einschließt. Kochen und Essen, Lachen und Tanzen – das sind Lebenswichtigkeiten.

Lach dem Leben ins Gesicht.
Mach die Worte zum Gedicht.
Langsam, nur nicht eilen.
Lass uns das Leben teilen.

Gebete und Spiele im Norden

In Skandinavien, dem Baltikum und in Russland wurden bis heute über 500 alte Labyrinthe gezählt. Fast alle dieser Labyrinthe sind Steinsetzungen aus faust- bis kopfgroßen Steinen auf freiem Feld. Sie liegen fast immer in unmittelbarer Küstennähe oder auf Inseln. Sie sind entweder dem klassischen Typ zuzuordnen oder haben die daraus abgewandelte offene Form mit einem zweiten Ausgang aus der Mitte. Dieser Labyrinthtyp mit zwei Gängen wird deshalb auch als Baltisches Labyrinth oder Baltisches Rad bezeichnet. Die ältesten skandinavischen Labyrinthe werden auf das 13. Jahrhundert datiert, die meisten sind zwischen 1500 und 1650 nach Christus erbaut worden.

In Zusammenhang mit dem Labyrinth ist ein besonderer Brauch überliefert: Wenn auf ein Schiff gewartet wurde, zeichnete man ein Labyrinth in den Sand oder baute ein Labyrinth an die Küste und betete dort um eine glückliche Heimkehr.

Im Rahmen von Dorffesten, meist im Frühling, wurde der Jungferntanz gespielt. Alle Jugendlichen, die mitspielen wollten, stellten sich der Reihe nach auf. Nun trat ein Mädchen in die Mitte des Labyrinths. Beim Startzeichen rannte ein Bursche die Wege des Labyrinths entlang. Beim Mädchen angekommen, musste er es auf die Arme nehmen und heraustragen. Trat er einmal daneben, also über die Begrenzungen der Steine, hatte er das Spiel verloren. Wer es aber schaffte, durfte das Mädchen zum Tanz führen.

In einem Labyrinth mit zwei Eingängen ergaben sich noch andere Spielvarianten. So konnten zwei in entgegengesetzter Richtung durch das ganze Labyrinth um die Wette rennen. Einer versuchte schnellstmöglich das Ziel, der andere den Ausgang zu erreichen. In solchen Labyrinthen kann man auch zu zweit nebeneinander gehen, denn die Wege sind so ineinander geflochten, dass sie parallel verlaufen.

Ich und du im Labyrinth.
Ich bleibe ganz bei mir – dein Du umtanzt mich.
Endlich spüre ich mich und dich
und den heiligen Zwischenraum zwischen uns.

Alte Rituale

Das Labyrinth der Indianer

Einen besonderen Platz nimmt das Labyrinth bei den Hopi, Pima und Navajo-Indianer im Südwesten der Vereinigten Staaten ein. In ihrer Mythologie ist von einer langen Reise über das Meer Richtung Osten die Rede. Diese Fahrt führt sie von der dritten Welt in die vierte. Der Aufstieg von einer Welt zur nächsten wird durch ein Symbol ausgedrückt, das dem kretischen klassischen Labyrinth gleicht.

Bei manchen Stämmen werden Labyrinthe auch aus Stein aufgebaut, meist nur für einen Tag zu besonderen Festen.

Zu den Überlieferungen zählt die Geschichte von Itohi, dem älteren Bruder, der in einem Labyrinth lebt:

Am Anfang gab es nur Dunkelheit, die bewohnt war vom Erdschöpfer und dem Bussard. Der Erdschöpfer rieb sich Schmutz von der Haut und formte diesen in seiner Hand. Daraus wuchs der Fettholzbusch. Mit einem Ball Gummiharz, den er von diesem Busch genommen hatte, formte er die Erde. Während der Bussard die Berge und Flüsse mit seinen Flügeln schuf, nähten die Spinnenmenschen den Himmel zusammen.

Nach einiger Zeit brachte der Erdschöpfer ein Volk von Menschen in die Wüste. Sie lebten mehrere Generationen in Frieden, doch mit der Zeit begannen sie zu sündigen, alle bis auf einen, Itohi, der ältere Bruder. Der Erdschöpfer sah, dass Itohi gerecht war, und verkündigte ihm, dass bald eine große Flut alle Menschen in der Wüste in den Tod reißen würde. Der Schöpfer führte Itohi auf den heiligen Berg Baboquivari und ließ ihn die Katastrophe sehen.

Anschließend half Itohi, das Volk der Hohokam zu erschaffen, von denen die Tohono O'otam und die Pima abstammen. Er half, sie den rechten Weg zu lehren, und sie lebten in Glück und Frieden eine lange Zeit. Doch dann wandten sie sich auf einmal gegen Itohi und töteten ihn. Sein Geist aber ging zum Berg Baboquivari, wo er noch heute lebt.

Von Zeit zu Zeit kommt Itohi vom Berg herunter zu den Menschen. Er schleicht sich in die Dörfer und nimmt den Menschen etwas weg. Ihn zu verfolgen ist schwierig, denn der Weg zurück ist ein Labyrinth, das in seinen verschlungenen Wegen zum Haus des Itohi am Berg führt.

In der Sammlung des Völkerkundemuseums in Basel befindet sich der Nachlass von Carl Schuster. Unter den 12.000 Bildern finden sich einige Labyrinthe aus indianischer Tradition, die im Norden Mexikos fotografiert wurden. Etliche der dort erwähnten Fundstellen wurden seither nicht mehr gefunden, weil sie sich in abgelegenen Wüstengegenden befinden.

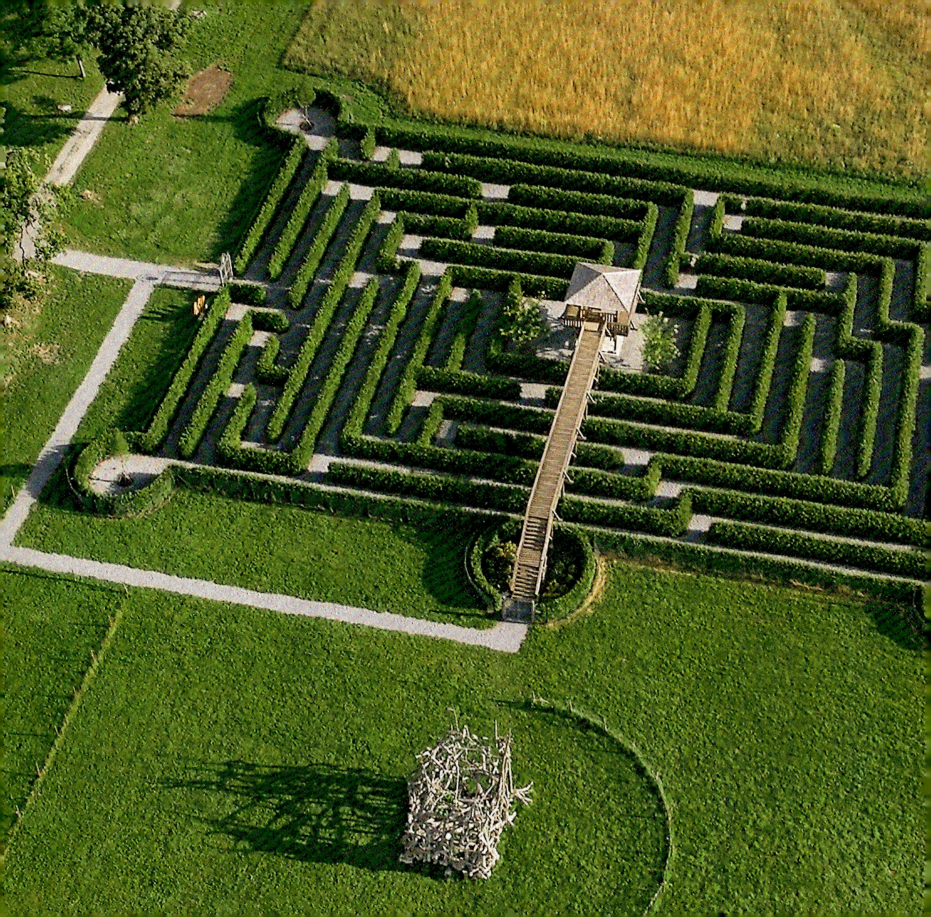

Liebeslabyrinthe und Heckenirrgärten

Komm, wir verstecken uns

und suchen uns.

Wir verirren uns und finden uns.

Und wenn wir alleine und verborgen sind,

vielleicht getraue ich mich, dich dann zu fragen:

Willst du einen Kuss?

Schloss Rosegg

Das Spiel des Irrens und Verirrens

Das Labyrinth hat nur einen einzigen Weg. Es gibt keine Abzweigungen oder Sackgassen. Darin unterscheidet sich das Labyrinth von einem Irrgarten. Die Idee des Irrgartens ist eine Erfindung des 16. Jahrhunderts und bleibt weitgehend auf die besonderen Gestaltungen von Parks und Schlossgärten beschränkt.

Die ältesten Gartenlabyrinthe stehen oft im Zusammenhang mit Liebesgeschichten. Das Labyrinth gilt als Sinnbild für die Schwierigkeiten und Verwicklungen erotischer Beziehungen. Zuerst waren die Hecken nur knie- oder brusthoch, erst gegen Ende des 17. Jahrhunderts entsteht der eigentliche Irrgarten mit hohen Hecken und Sackgassen. Das Finden der Mitte wird zur amüsanten Rätseljagd. Spaß und Spiel treten in den Vordergrund.

Der berühmteste Heckenirrgarten wurde 1690 erbaut. Er befindet sich im Garten des Hampton Court Palace in London. Von hier verbreitet sich die Idee in ganz Europa und andere Irrgärten wie jene in Versailles und Schloss Schönbrunn entstehen.

Eine Eigenart der Irrgärten mit ihren Sackgassen und Verzweigungen empfinden nicht alle Menschen gleichermaßen amüsant. Das Gefühl, in die Irre zu gehen, nicht mehr weiter- oder überhaupt nicht mehr herauszufinden, löst Beklemmung und Angst aus. Manches Mal ist das Spiel mit der Angst ein spannendes Kribbeln, allerdings nur, wenn dem die Hoffnung gegenübersteht, den Weg schließlich doch zu finden.

Natürlich stellt sich die Frage, ob unser Leben nicht manchmal eher einem Irrgarten als einem Labyrinth gleicht und ob nicht das Bild des Irrgartens mit der ständigen Herausforderung, zwischen zwei Möglichkeiten entscheiden zu müssen, unserer Lebenswirklichkeit zumindest an manchen Stellen eher entspricht als das Bild eines eindeutigen Weges.

Die Wiederentdeckung des Labyrinths

Ich lebe mein Leben

in wachsenden Ringen,

die sich über die Dinge ziehn ...

Rainer Maria Rilke

Im Bild des Lebens

In den letzten Jahren hat das Labyrinth in Deutschland, Österreich und der Schweiz eine erstaunliche Blüte erlebt. Das Labyrinth wurde als Symbol wiederentdeckt und fand Einzug in Lehrbücher und in den Unterricht. An verschiedenen Stellen und in unterschiedlichen Zusammenhängen wurden neue Labyrinthplätze gebaut. Einer der Hauptgründe liegt vermutlich in der Eigendynamik des Labyrinths. Wer ein Labyrinth auflegt oder baut und einfach nur wartet, was passiert, wird erstaunliche Erfahrungen machen: Menschen bleiben stehen und schauen. Es sind meist Kinder, die ohne viel zu fragen das Labyrinth betreten und die Linien ablaufen. Sie können so in diese Tätigkeit vertieft sein, dass sie selbst die Rufe ihrer Eltern meist gar nicht wahrnehmen.

In der Mitte erleben Menschen fast immer etwas Besonderes. Wer bewusst ein Labyrinth begeht, verharrt meist länger in der Mitte als geplant, so als ob er noch genießen müsste, im Zentrum zu sein.

Labyrinthe bedürfen keiner großen Einführung, Interessierte benötigen keine ausgeklügelte Aufgabenstellung oder spezielle Anleitung. Labyrinthe »funktionieren« einfach. Unsere Gesellschaft ist sehr stark wortlastig. Das Wort ist allgegenwärtig und übermächtig. Worten zuzuhören und die Information zu erfassen, Worte zusammenzusetzen und Information weiterzugeben ist die wichtigste Tätigkeit des modernen Menschen.

Im Labyrinth geschieht etwas ohne Worte. Der Mensch kann sich in einem Bild bewegen, das etwas Inneres widerspiegeln kann. Gedanken können kommen, müssen aber nicht herbeigezwungen werden, Wesentliches kann sich ereignen oder auch ausbleiben. Niemand schreibt etwas vor und keine Deutung oder Bedeutung kann einen alleinigen Sinnanspruch erheben. Das Labyrinth ist immer genau das, was der Mensch, der es begeht, damit erlebt. Es gibt kein Richtig oder Falsch, keinen Widerspruch, keine Belehrung. Manchmal geschieht gar nichts, manchmal lässt es sich erzählen, was man erlebt hat, manchmal geht die Erfahrung, die man macht, über Beschreibungen und Worte hinaus.

Man kann den Fluss nicht anschieben
und den Weg nicht geradebiegen.
Vertraue dich deinem Weg an.
Du musst nicht schneller sein als der Fluss
und nicht gerader als der Weg.

Die Initiative der Zürcher Labyrinthfrauen

1986 begannen Schweizer Künstlerinnen, mit dem Labyrinth zu arbeiten. Um Agnes Barmettler, Rosemarie Schmid und Ursula Knecht bildete sich eine engagierte Frauengruppe; sie hat den Labyrinthplatz Zürich geschaffen. 1989 gewann ihr Labyrinthprojekt einen Wettbewerb zur Stadtkultur, 1991 konnte es verwirklicht werden. Was zuerst als Kunstprojekt gedacht war, entwickelte sich zu einem umfassenden sozialen und kulturellen Stadtereignis. Rund um das Labyrinth entstand ein Jahresprogramm, das einerseits die Lebensrhythmen, andererseits das Leben und Zusammenleben in der Stadt aufgreift. Inmitten einer aufgelassenen Kaserne, umgeben von Menschen in extremen Lebenswirklichkeiten, entstand ein blühender Ort der Begegnung. 1995 fand das erste Symposium statt, das die ursprüngliche Vision der Zürcher Labyrinthfrauen aufgriff: öffentliche Frauenplätze – ein Labyrinth an 133 Orten.

Besonders in der Schweiz und in Deutschland wurden inzwischen so viele derartige Labyrinthplätze geschaffen, dass die zufällig gewählte Zahl von 133 Nachfolgelabyrinthen bereits erreicht wurde.

1996 wurde das Labyrinth in Zürich umgebaut. Die Mitte wurde als freier Platz gestaltet und mit einem Steinlabyrinth ausgestattet. Dadurch entstanden ein Treffpunkt und ein Ort für kulturelle Begegnungen in der Mitte des außen herum gestalteten Gartenlabyrinths. In diesem Gartenlabyrinth pflegen insgesamt über hundert Menschen ihr kleines Gärtchen, ihren kleinen Abschnitt am gemeinsamen Weg.

Das Labyrinth sei:
ein Ort kultureller Auseinandersetzung und Begegnung
ein Forum von Frauen für alle
eine Stätte von Heilkraft und gestalteter Schönheit
ein Umschlagplatz von Wissen, Weisheit und Humor
ein Übungsfeld für achtsamen Umgang mit allem, was ist
ein Kompost für gärende Einfälle und künstlerische Umsetzung
ein offener Raum unter freiem Himmel für gemeinsames Feiern

Mittelstein des Friedenslabyrinths in Ibillin, Israel

In Klöstern und Kirchen

Die neuentdeckte Faszination der Symbole in unserer Zeit wurde auch von spirituellen Orten wie Kirchen und Klöstern gefördert und mitgetragen. Dabei wurden vor allem freie Flächen auf Vorplätzen oder in Gartenbereichen genutzt. Viele Klöster haben in den letzten Jahren ihre Gärten für Besucher geöffnet, um Menschen einen Ort der Beschaulichkeit und Stille zu bieten. In mehr als 40 Klöstern in Deutschland wurden Labyrinthe neu in die Gartenanlage eingebaut, darunter in den Benediktinerabteien Münsterschwarzach, Damme, Benediktbeuern und Seitenstetten, bei den Franziskanern in Vierzehnheiligen und Telfs, bei den Zisterziensern im Kloster Helfta und bei den Karmelitinnen in Berlin.

Auch Kirchenvorplätze eignen sich für ein Labyrinth. Besondere Beispiele finden sich vor dem Dom in Magdeburg, vor der Autobahnkirche Himmelkron, bei der Kirche Peter und Paul in Siegen, in Steinach am Bodensee, vor der evangelischen Kirche in Bad Goisern in Österreich und in Matzleinsdorf in Wien.

In der heutigen Gesellschaft ist die Begegnung mit Symbolen und Orten, wo der Mensch ganz bei sich sein kann, mit seinen eigenen Gedanken und Gefühlen, oft genau das, was wir im Moment am besten brauchen können.

Schwester Felicitas

In Parks und Schulen

In Parks und Schulen werden Labyrinthe an einem neutralen öffentlichen Ort errichtet. Sie treten dort in Beziehung zu allen Menschen, die an diesem Ort vorbeikommen. In Schulen bekommt ein Labyrinth noch zusätzliche Aufgaben. Es kann im Unterricht, zu Stilleübungen, zu Feiern und Ritualen eingesetzt werden.

Ein besonderes Labyrinth wurde in Ibillin in Israel errichtet. An der größten von Palästinensern betriebenen Schule, Mar Elias, mit über 4000 Kindern und Jugendlichen wurde ein Labyrinth gebaut mit einem besonders gestalteten Mittelstein. In den sechs Blütenblättern der Mitte steht in verschiedenen Sprachen das Wort »Frieden«. Das Labyrinth soll eine Ermutigung sein, auf dem langen Weg zum Frieden nicht aufzugeben, sondern geduldig Schritt für Schritt zu gehen, bis das Ziel erreicht ist. Wenn sich dieses Bild den Jugendlichen einprägt, kann es nur Gutes in ihnen und diesem spannungsreichen Land bewirken.

Nicht Fehlersuche,
sondern mutige Schritte,
nicht Zögern,
sondern Vertrauen,
nicht jeder für sich,
sondern gemeinsam,
nicht durchkommen,
sondern Ziele erreichen.

Labyrinth vom Landartkünstler Jim Buchanan
in Chesterfield, England

Der Irrgarten stellt die Frage:

Gehst du richtig oder oder gehst du falsch?

Das Labyrinth stellt die Frage:

Gehst du oder gehst du nicht?

Gärten der Welt

Für den Erholungspark Marzahn am Rande Berlins wurden verschiedene Gärten mit Gestaltungselementen aus aller Welt errichtet. Im Herbst 2000 wurde nach vierjähriger Bauzeit der chinesische »Garten des wiedergewonnenen Mondes« eröffnet. Danach entstanden ein japanischer, ein balinesischer, ein koreanischer und ein orientalischer Garten.

Als Beispiele für die europäische Gartenkunst wurde im Jahr 2007 ein Irrgarten nach dem Vorbild von Hampton Court sowie ein Bodenlabyrinth nach dem Vorbild des Labyrinths der gotischen Kathedrale von Chartres eröffnet.

In der Symbolik von Irrgarten und Labyrinth werden zwei europäische Grundlinien der Weltsicht ausgedrückt. Der im 16. Jahrhundert entstandene Irrgarten, der seine Blüte im 17. und 18. Jahrhundert erlebte, ist Ausdruck einer Weltsicht, die die Frage nach Richtig und Falsch in den Vordergrund rückt. Durch die Aufklärung und daran angelehnte geistige Strömungen wird der vernünftigen vorausplanenden Entscheidung ein besonders hoher Wert beigemessen.

Spiritualität und Kunst hingegen verstehen gelingendes Leben viel offener, angstfreier und »barrierefreier«. Hier kommen Aspekte des Lebens zum Ausdruck, die sich eher in einem Labyrinth als in einem Irrgarten spiegeln. Dazu gehört das Vertrauen in die Dinge, die sich nicht analysieren lassen, und auch das Wissen, dass Falsch nach einer Wendung richtig werden kann und umgekehrt. Im Nebeneinander von Irrgarten und Labyrinth, wie es übrigens auch im Schloss Schönbrunn in Wien zu finden ist, kommt die Spannung der unterschiedlichen Auffassungen von menschlichem Leben zum Ausdruck.

Das Labyrinth im Landeskrankenhaus Salzburg

In Krankenhäusern

Als ein besonders geeigneter Ort für einen Labyrinthplatz haben sich auch Krankenhäuser erwiesen. In Amerika wurde im Marianjoy Hospital in Wheaton das Labyrinth sogar in den Mittelpunkt der Anlage gestellt. In Europa finden sich Labyrinthe unter anderem in der Hochgratklinik in Stiefenhofen, im Universitätsklinikum Würzburg, in Marienborn in Zülpich, im Klinikum Hagen, im Elisabethkrankenhaus in Berlin und im Landeskrankenhaus Salzburg.

Vor allem Angehörige der Patienten suchen das Labyrinth gerne vor oder nach einem Besuch auf. Auch vom Personal wird es häufig für ein paar Augenblicke der Besinnung genutzt. Das Labyrinth dient nicht selten auch als Rahmen für kleine Feiern wie Geburtstage, Verabschiedungen oder Jahresfeste.

Gerade in einem Krankenhaus hat ein Labyrinth einen besonderen Sinn. Menschen in schwierigen Lebenssituationen sind oft außergewöhnlich intensiv mit dem Thema Wendung und Neuanfang beschäftigt und nehmen das Labyrinth als Ort des Nachdenkens und der Ermutigung gerne in Anspruch. Das Labyrinth im Landeskrankenhaus Salzburg wurde bewusst zwischen den beiden Stationen Onkologie und Geburtenstation angelegt. Die dunkle Wendung des Schmerzes und der Endlichkeit und die helle Wendung einer Geburt sind Teile allen Lebens. Alles, was Menschen erleben, enthält die Aufforderung, den Wendungen zu vertrauen, den Neuanfängen, den neuen Chancen, den neuen Einsichten nach den finsteren Tälern und letztlich auch dem rätselhaften Neubeginn, der nach dem Ende unseres Weges auf uns wartet.

Ich habe vieles über das Leben gelernt,
aber das Wertvollste war: Es geht weiter.

Brigitte Bardot

Auch in der Jugendstrafanstalt Gerasdorf führt ein Weg zur Mitte.

In Gefängnissen

Überraschenderweise finden sich neue Labyrinthplätze auch in Gefängnissen, darunter in der Frauenvollzugsanstalt Hindelang in der Schweiz, im Frauengefängnis in Nairobi und in der Jugendstrafanstalt Gerasdorf in Österreich. Das Labyrinth in Gerasdorf wurde gemeinsam von acht Straftätern und dem Gefängnisseelsorger Bernhard Haschka gebaut. Die Wege wurden aus einer Wiese ausgestochen und mit rot gefärbten Hackschnitzeln wieder aufgefüllt. Die 120 Jugendlichen in Gerasdorf sind zwischen 15 und 28 Jahre alt und allesamt »schwere Jungs«. Die positive Wirkung des Labyrinths beschreibt Bernhard Haschka so: »Das Labyrinth gibt den Menschen an diesem Ort, die sich im Umgang mit Sprache und Selbstreflexion schwertun, ein Bild der Ermutigung, dass es einen Weg gibt und dass man es immer wieder versuchen muss, auch wenn es schwierig ist.« Deshalb wurde beim Labyrinth eine Tafel mit der Aufschrift aufgestellt: »Jeder Schritt ist ein Sieg.«

Wenn wir immer wieder aufstehen, immer wieder weitergehen, immer wieder den nächsten Schritt setzen, wird uns der Weg auch aus den tiefsten Schluchten herausführen.

Das Labyrinth für den Sinnesweg in Grafenast

Irgendwo und Nirgendwo

Viele Labyrinthe entstehen aus der Initiative einer einzelnen Person. Manchmal durch mühsame Arbeit eines Einzelnen, meist im Zusammenwirken mit Freunden werden die Labyrinthe Wirklichkeit. Labyrinthe entstehen an Wunschorten, mitunter aber auch ganz spontan bei einem Aufenthalt am Strand, im Wald oder bei einem Bachbett. Labyrinthe finden sich daher manchmal irgendwo im Nirgendwo.

Weit oben in den Tiroler Bergen hat die Familie Unterlechner in Grafenast bei Schwaz ein Gasthaus. Für die Gäste wurde ein Sinnesweg angelegt, der auch ein Labyrinth umfasst. Das Labyrinth liegt halb im Freien auf einer kleinen Lichtung, auf der früher Holzkohle hergestellt wurde, und halb im Wald. Die Begrenzungen des Weges sind mit großen Baumstämmen ausgelegt. Errichtet hat das Labyrinth der Grundbesitzer, weil der Ort der Lieblingsplatz seines kurz zuvor gestorbenen Vaters war. Seinem Andenken ist das Labyrinth gewidmet.

*Ich mache mich fest in den vielen Offenheiten
meines Lebens und wähle meine Arbeit,
meine Beziehungen und meine Ziele.
Ich mache mich fest und gebe mir einen Rahmen.
Aber ich halte mich daran nicht fest,
sondern nutze ihn als Leitlinie,
damit sich mein Weg vor mir auftut.*

Costa Rica

Was im Labyrinth geschieht

*Der Tanz des Lebens besteht
in der Freude an der Abfolge von Schritten
und Wechselschritten, Wendungen und Schwüngen,
die nicht nur unseren Körper erfassen,
sondern unser ganzes Sein.*

Einkehr und Ruhe

Manchmal sind wir auf einem geraden Pfad unterwegs. Eines folgt aufs andere, wir tun, was vor unseren Händen ist, und arbeiten die Punkte, die zu erledigen sind, der Reihe nach ab. Einkehr bedeutet, den gerade Pfad zu verlassen. Im Wort »Einkehr« ist die »Kehre«, die »Wendung« enthalten. Einkehr ist das äußere und innere Wegwenden vom Tun des Alltags hin zu einem Ort der Ruhe, des Nachdenkens und der Gastlichkeit.

Ein Labyrinth zu begehen ist ein Ritual des Einkehrens. Es ist Zeit für das stille Gehen, das Nachsinnen. Es ist Raum für die Fragen, die im Inneren schlummern, und Zeit und Muße, sie zu betrachten und zu bewegen. Im Gehen kann man sich selbst gut zuhören, Gebete und Selbstgespräche finden im Labyrinth in besonderer Weise Raum.

Einkehren bedeutet aber auch, sich den Kehren anzuvertrauen und das, was sich wendet, geschehen und gut sein zu lassen.

Die Kehren laden mich ein:
einzukehren,
umzukehren,
auszukehren.

Ist ein Labyrinth groß genug und liegt es an einem nicht hektischen Ort, bemerken viele Menschen eine erstaunlich rasch eintretende intensive innere Ruhe, sobald sie das Labyrinth betreten. Das Gehen selbst schwingt den Menschen in einen inneren Rhythmus ein, das Labyrinth strahlt Geborgenheit aus. Da der Labyrinthweg viel länger ist als vorher gedacht, bleibt beim Begehen Zeit, in einen regelmäßigen Schritt zu kommen, Hektik hinter sich zu lassen und sich nicht vom Willen, das Ziel zu erreichen, antreiben zu lassen. Allein das Gehen wird wichtig.

Manche Menschen berichten von der völligen inneren Stille, die sie empfinden, frei von irgendwelchen Gedanken und ausgerichtet auf nichts anderes als das innige Dasein in diesem Raum der Einkehr, den jedes Labyrinth anbietet.

In der Mitte bist du, mein Herz,
und ich danke dir, dass du zu mir sprichst.
In der Mitte bist du, meine Seele,
und ich danke dir, dass du auf mich wartest.

Die Mitte spüren

Anzukommen ist der Wunsch aller, die aufgebrochen sind. Nehme ich mir etwas vor, hoffe ich, es auch zu erreichen. Mache ich mir etwas zur Aufgabe, versuche ich, sie auch abzuschließen. Vieles davon ist ein Ringen und im Unterwegssein habe ich oft nur deshalb noch die nötige Energie, weil ich mir das Ziel ausmalen kann.

Erreiche ich dann schließlich mein Ziel, empfinde ich Freude und Erleichterung. In der Mitte eines Labyrinths anzukommen geht oft mit einem inneren Aufrichten, einem ausgesprochenen oder zumindest gedachten »Ah« einher. Freude ist der Begleiter aller Ankommenden.

Gerne verweile ich in der Mitte und spüre dieser Freude nach. Ich fühle, wie sich nun alles ineinanderfügt und alle langen Wege und Wendungen hinter mir liegen. Nun kann ich alles als Teil der guten Reise betrachten. Ich bleibe gerne länger, ruhe aus, führe ein Gespräch oder lasse mich für einen Augenblick nieder.

Doch in der Mitte zu bleiben ist nicht möglich und es wäre auch gar nicht gut. Ich muss zurückkehren in meinen Alltag und das, was ich erreicht und gewonnen habe, muss ich im Herzen mitnehmen und in mein Leben hineinweben.

Die Mitte fühlt sich gut an, doch jeder Aufenthalt an einem besonderen Ort hat seine Zeit und die Zeit ruft mich aus der Mitte heraus.

*Die Mitte bleibt
auch im Sturm still.*

Gehalten zu sein

in allen Veränderungen

ist die kostbarste Botschaft, die es gibt.

Lachen und Spiel

Weniges fällt bei der Beobachtung von Menschen, die durch ein Labyrinth gehen, so oft auf wie ihr Lachen. Fast alle haben zumindest ein Lächeln auf den Lippen. Die Freude an der Form des Labyrinths, an der Bewegung, am Außen und Innen scheint ein innerer Quell einer fröhlichen Grundstimmung zu sein. Vor allem in einer größeren Gruppe, die das Labyrinth gemeinsam begeht, pflanzt sich diese Fröhlichkeit fort. Die Begegnungen, Grüße, Zuzwinkern und das Wundern über überraschende Wiederbegegnungen führen oft in ein entspanntes und freundliches Miteinander.

Trotz aller ernsten Themen, die uns beschäftigten, liegt wie sanftes Sonnenlicht ein Glanz über der Landschaft des Lebens, eine Heiterkeit, ein tiefes inneres Wissen, dass wir nie allein sind und dass trotz allem über allem ein Lächeln liegt.

Labyrinthe sind Spielplätze. Sie laden ein, beschwingt zu gehen, Grenzen zu überschreiten, etwas auszuprobieren, zu schauen, ob ein anderer schneller ist oder wo man sich entgegenkommt. Kinder gehen oft nicht, sondern rennen, sie springen quer über die Begrenzungen und tun, was ihnen Freude macht. Labyrinthe müssen nicht »ernsthaft« gegangen werden, alle Emotionen haben hier ihren Platz, jede Art, mit dem Labyrinth umzugehen, hat ihre Richtigkeit.

Mitten im Leben,
oben und unten,
links und rechts,
vor und zurück,

bin ich

und singe
und spiele
und tanze
und lache.

Klärung

Wenn etwas zu klären ist, suchen wir das Gespräch. Im Finden der eigenen Argumente und im Hören auf die Meinung des anderen klärt sich die eigene Position und tritt deutlicher hervor. Andere Wege, zu mehr Klarheit zu gelangen, sind das Gebet, Meditation, die Stille, das Nachdenken oder das Begehen eines Labyrinths. Im Gehen, aber auch in der geordneten Abfolge der Bögen und Wendungen, im Sich-Einschwingen stellen sich oft eine innere Ruhe und Fokusiertheit ein. Nicht greifbare Gedanken gelangen ins Bewusstsein, das Nachdenken wird frei und fließend und viele sehen danach Dinge klarer, Entscheidungen deutlicher und können Wünsche formulieren.

*Einen weisen Menschen erkennt man daran,
dass er ein fortlaufend Suchender ist,
nicht jemand, der gute Antworten hat,
sondern gute Fragen.*

Die Entdeckung des Rückweges

Hin- und Rückweg im Labyrinth sind die gleichen Wege und doch unterscheiden sie sich wesentlich. Die Erfahrungen, die Emotionen, die Perspektiven sind unterschiedlich. Der Rückweg kommt den meisten Menschen kürzer vor als der Hineinweg, vielleicht weil sie ihn beschwingter gehen und schon um seine Länge wissen.

Der Weg nach innen ist geprägt von Auseinandersetzung und dem Willen, etwas zu erreichen. Auf dem Weg nach außen geht es darum, das Licht der Erkenntnis in das Leben zu integrieren. Es geht um Beziehung: Was und wer erwartet mich außerhalb des Labyrinths? Es geht aber auch um die Fragen: Was setze ich in mir in Beziehung, was ist mir wichtig, was nehme ich mit?

Der Rückweg wird auch der Weg der Liebe genannt. Zahllose Geschichten beschreiben die wichtigen Ereignisse, die auf dem Rückweg passieren. Ein schönes Beispiel ist das Märchen vom Froschkönig. Das Ziel ist erreicht: Der Frosch ist erlöst, das Königtum wiedergewonnen und aus der kindlichen Prinzessin ist eine Königin geworden, die weiß, was sie will und was nicht. Gemeinsam treten sie und der König die Rückreise an. Und auf dieser Rückreise ereignet sich etwas, das für alle Rückwege von großer Bedeutung ist: Der treue Diener Heinrich steht hinten am Wagen. »Heinrich, der Wagen bricht«, entfährt es dem jungen König, als er einen lauten Krach vernimmt. Doch etwas anderes ist gebrochen: Heinrich hatte sich drei eiserne Bande um das trauernde Herz legen lassen. Nun springen diese Bande. Das Herz wird wieder frei, weil es eine solche Freude ist, wenn jemand sein Froschdasein verlässt und sein Königtum einnimmt. Nun öffnet sich das Herz und die Liebe kann ungehindert fließen. Diese dreifache Befreiung des Herzens beschreibt, um was es geht, nachdem man etwas erreicht hat: Der Erfolg ist immer nur der halbe Weg. Danach kommt das »Herzstück« des Weges: das Aufgehen des Herzens und die Hinwendung zu Beziehung und Liebe.

Und wenn ich wüsste alle Geheimnisse und alle Erkenntnis und hätte allen Glauben, sodass ich Berge versetzen könnte, und hätte die Liebe nicht, so wäre ich nichts.

1. Brief an die Korinther 13,2

Wege des Lebens

Es ist eine göttliche Gnade, gut zu beginnen.

Es ist eine größere Gnade,

auf dem guten Weg zu bleiben.

Aber die Gnade der Gnaden ist es,

sich zu beugen und, ob auch zerbrochen

und erschöpft, vorwärtszugehen bis zum Ziel.

Namibia

Das Leben ins Bild bringen

Das Labyrinth besteht aus einfachen, verschlungen hin- und herführenden Linien. Manchmal wendet sich der Weg nach außen, dann wieder nach innen, um schließlich in die Mitte zu führen. Die Anordnung der Wege ist so komplex, dass der Verlauf nicht mit einem Blick zu überschauen ist, trotzdem im Grunde aber sehr einfach.

Die einfache Struktur birgt eine Fülle an Erfahrungsmöglichkeiten. Das Aufbrechen, das Gehen, die Wenden, die verschiedenen Blickrichtungen, Erreichen, Umkehren, neu Ansetzen, der Rückweg – all das sind Elemente, die sich im Leben wiederfinden. Manchmal scheinen sich Lebenswenden, Begegnungen, Erlebnisse direkt im Labyrinth zu spiegeln wie in einem Bild, das man betrachtet und das Ausschnitte aus der eigenen Erfahrungen zeigt. Wer ein Labyrinth begeht, dem kommen Menschen in den Sinn, Bitten, Fragen und oft mit den Fragen verbunden auch schon eine Antwort. Erinnerungen steigen ins Bewusstsein, Vorhaben werden angedacht und Entschlüsse gefasst und ausgesprochen.

*Nach dem Zauber des Anfangs
wartet die Fülle des Lebens.*

Im Labyrinth sich selbst entdecken

Das Labyrinth gleicht einer Einladung. Es lädt ein, Fragen zu stellen: Was will ich erreichen? Was ist mir wichtig? Mit wem will ich Zeit verbringen? Was will ich loslassen? Was will ich angehen?

Das Labyrinth lädt ein, einen guten Gedanken zu denken: Was wünsche ich mir? Was wünsche ich dir? Wem schicke ich einen guten Gedanken? Was kann ich mir Gutes zusagen?

Das Labyrinth ist eine Einladung, hell zu machen, was verborgen ist, dem nachzuspüren, was oft übergangen wird, und dabei sich selbst zu entdecken.

Im Labyrinth verliert man sich nicht,
man findet sich.
Im Labyrinth begegnet man nicht
dem Minotaurus,
man begegnet sich selbst.

Hermann Kern

Loslassen und Nehmen

Das Leben ist ein fortwährender Gang aus der Vergangenheit in die Zukunft. Die Gegenwart ist ein zartes Gebilde, das uns nur erlaubt, ganz kurz in einem Moment zu sein und ihn nicht mehr als einen Wimpernschlag lang festzuhalten. Leben bedeutet ein konstantes Nehmen und Loslassen. Unser ganzes Leben besteht aus diesem Atmen der Zeit.

Dennoch fällt der Mensch leicht in die Illusion, er könne etwas behalten. Doch nichts Materielles, keine Beziehung, kein Gut welcher Art auch immer lässt sich festhalten. Alles ist im Fluss des Gebens und Nehmens. Auch für dieses Grundthema des Lebens kann das Labyrinth ein Spiegel sein, denn hinter jeder Wendung lassen wir etwas zurück, was bisher verständlich schien, und mit jeder Wendung öffnet sich ein Weg, der bisher verborgen war.

In jeder Wendung liegen Verlust und Gewinn.
Der eine Weg geht zu Ende
und der andere beginnt.

Aufbruch zur Gelassenheit

Die Suche nach dem eigenen Weg ist für viele Menschen das wichtigste Lebensthema. Wo komme ich her? Wie soll ich weitergehen? Was sind meine Ziele? Was ist wichtig? Um diese Fragen kreisen die Gedanken und der Mensch hofft auf gute Entscheidungen, die Hilfe im richtigen Augenblick oder auf eine gute Fügung. Doch wie oft ist das Leben vor allem verwirrend. Gutes und Schlechtes liegen immer wieder eng nebeneinander und Auseinandersetzungen und gute Unterscheidungen sind herausfordernde Aufgaben.

Das Labyrinth ist ein Muster dieses Weges, ein Abbild der Verwirrung. Die Verwirrung entsteht aus der Unüberschaubarkeit des Ganzen. Zu viele Linien liegen zu eng beieinander. Es ist unmöglich, auf einen Blick zu erkennen, welcher Weg nach vorne führt und welcher zurück, welcher Weg zur Mitte führt und welcher von der Mitte weg.

Der Weg erschließt sich dem Betrachter nicht und auch für den, der ihn nicht nur betrachtet, sondern wirklich geht, bleibt vieles unklar. Immer wieder ist der Weg zu unseren Zielen und Antworten länger als gedacht und immer wieder ist das, was wir gerade gewonnen haben, nach der nächsten Wendung schon wieder verloren.

Das Labyrinth ist ein Bild des wechselvollen Weges. Zugleich ist es ein Aufruf zur Gelassenheit. Gelassenheit entsteht aus der Erkenntnis, dass das Leben so ist, wie es ist, und nicht anders. Dazu gehören Abschnitte nahe der Mitte und nahe am Rand, Wendepunkte, die mit Freude gegangen werden, und solche, die Widerstand und Zögern auslösen. Der wichtigste Grund zur Gelassenheit aber ist das Vorhandensein der Mitte. Es gibt ein Ziel, einen Ort der Geborgenheit, ein Zentrum. Gefüllt wird diese Mitte von dem, was die Labyrinthpilger an Stimmungen und Befindlichkeiten, an Glauben und Kultur in die Mitte tragen. Deshalb ist die Mitte für jeden Menschen etwas ganz Eigenes.

Gelassenheit im Leben zu finden erfordert Mühe, Ausdauer und Geduld. Manches Mal können wir aus uns heraustreten, über den aktuellen Moment hinausgelangen und gleichsam wie von oben auf unser Leben heruntersehen. Auch für diese Sehnsucht nach Erkennen des großen Ganzen und nach Gelassenheit kann das Labyrinth ein Bild sein: Wer aus einer erhöhten Position ein ganzes Labyrinth überblickt, für den fügen sich die vielen Linien zu einem faszinierend schönen Ganzen, das in seiner Vollkommenheit und Schönheit staunen lässt. Wenn unsere Lebensbahnen sich so ineinanderfügen, dann ist alles gut.

Wege des Lebens